Brigitte Blöchlinger, in Altstätten im Rheintal geboren, hat Germanistik und Psychologie studiert und forscht seit längerem zum Thema »Einzelkinder«. Seit 15 Jahren arbeitet sie als Redakteurin und Journalistin für verschiedene Medien. Seit 7 Jahren ist sie als Wissenschaftsjournalistin für das Internetmagazin unipublic.unizh.ch der Universität Zürich tätig. Brigitte Blöchlinger ist das vierte Kind eines Einzelkindes und selbst Mutter eines Einzelkindes.

Brigitte Blöchlinger

Lob des
Einzelkindes
Das Ende aller Vorurteile

Krüger Verlag

Originalausgabe
Erschienen im Krüger Verlag, einem Unternehmen
der S. Fischer Verlag GmbH, Frankfurt am Main
© 2008 Brigitte Blöchlinger. Die Rechte an diesem Werk wurden
vermittelt durch Dörthe Binkert, c/o Paul & Peter Fritz AG,
Literatur Agentur, Zürich – www.fritzagency.com
Alle Rechte bei S. Fischer Verlag GmbH, Frankfurt am Main
Satz: Pinkuin Satz und Datentechnik, Berlin
Druck und Bindung: GGP Media GmbH, Pößneck
Printed in Germany 2008
ISBN 978-3-8105-0262-9

Für Alice, Alicia, Anna, Ben, Brigitta, Brigitte, Claudine, Christian, Demi, Ernst, Felix, Ginka, Irene, Isabella, Karin, Leander, Lina, Louis, Louise, Luzi, Malena, Nicole, Nina, Nuhar, Obi, Petra, Ramona, Silvia, Toni, Vera, Willy, Zoe

Inhalt

Vorwort 11

Einführung 13

**Was die Einzelkindforschung zu den
einzelnen Vorurteilen sagt** 21

Defizite durch falsche Erziehung? 23
Vorurteil 1: Einzelkinder sind altklug 24
Hintergrund: Wie sind die Eltern von
 Einzelkindern? 30
Vorurteil 2: Einzelkinder sind überbehütet 36
Hintergrund: Wie viel Nähe tut den
 Einzelkindern gut? 45
Vorurteil 3: Einzelkinder sind intellektuell 50
Hintergrund: Starke Elternbindung –
 positive Auswirkungen 59
Vorurteil 4: Einzelkinder sind verwöhnt 62
Hintergrund: Starke Elternbindung –
 negative Auswirkungen 69
Vorurteil 5: Einzelkinder sind einsam 78
Hintergrund: Gründe für *ein* Kind 83

Defizite im Charakter von Einzelkindern? 91
Vorurteil 6: Einzelkinder sind introvertiert 92
Hintergrund: »Birth order« – der Mythos
vom charakterbildenden Geburtsrang 95
Vorurteil 7: Einzelkinder sind selbstsüchtig 103
Hintergrund: Selbstbewusstsein –
von Egozentrik bis Selbstwert 110
Vorurteil 8: Einzelkinder sind psychisch
angeschlagen und moralisch unterentwickelt 114
Hintergrund: Chinas Ein-Kind-Politik –
hohe Ziele, hoher Preis 120

Defizite im Umgang mit anderen? 129
Vorurteil 9: Einzelkinder sind eingebildet 131
Hintergrund: Geschwisterlosigkeit –
wie prägend ist sie? 135
Vorurteil 10: Einzelkinder sind liebesunfähig 139
Hintergrund: Was leisten Geschwister,
was Freunde nicht leisten? 144
Vorurteil 11: Einzelkinder können nicht streiten 150
Hintergrund: Freundschaften –
nie so gut wie Blutsverwandtschaft? 155

Defizite von Einzelkindern in der Gruppe? 163
Vorurteil 12: Einzelkinder sind
verantwortungslos 166
Hintergrund: Wie verbreitet sind Einzelkinder? –
Zahlen und Entwicklungen 172
Vorurteil 13: Einzelkinder sind unangepasst 176
Hintergrund: Geschichte und Geschichten
zur Unangepasstheit 181

Welche Vorurteile stimmen? Eine Bilanz 195
Besser – gleich – schlechter 196

Stärken und Schwächen 202
Tendenzen und Veränderungen 206
Schlusswort 207

Dank 211

Anmerkungen 213

Bibliographie 225

Vorwort

Dieses Sachbuch entstand aus persönlichen Gründen. Nicht dass ich selbst ein Einzelkind wäre – ich bin die Jüngste von vieren. Doch meine Mutter war ein Einzelkind, geboren kurz vor der Weltwirtschaftskrise 1929, als Einzelkinder aus wirtschaftlichen Gründen verbreitet waren. Auch die Mutter meines Ehepartners ist ein Einzelkind, ihr Vater starb wie viele andere im Spanischen Bürgerkrieg. Ich selbst habe ebenfalls ein Einzelkind, geboren nach der Jahrtausendwende. Einzelkinder sind derzeit ziemlich verbreitet, wie ich in unserem Umfeld beobachten konnte: Zwei meiner Nachbarinnen haben ein Einzelkind, meine Schwägerin ist ein Einzelkind, eine andere Schwägerin ist ein sogenanntes funktionales Einzelkind (sie hat eine sieben Jahre jüngere Schwester). Eine meiner Arbeitskolleginnen ist ein Einzelkind, zwei andere haben je ein Einzelkind, der vierte ist mit einem Einzelkind liiert. Im Viertel, wo wir wohnen, leben sechs Einzelkinder, meine beste Freundin ist ein Einzelkind ...

Ich bin von Einzelkindern »umzingelt«. Das ist mir mehr als recht. Was mir hingegen gar nicht recht ist, ist die Beobachtung, dass ich, ohne es zu wollen, viele der Vorurteile gegenüber Einzelkindern verinnerlicht habe. Mit vorgefassten negativen Meinungen Kindern und Erwachsenen zu begegnen, nur weil diese keine Geschwister haben, finde ich unfair. Meine eigenen, unbewusst übernommenen Vorurteile haben mich angetrieben, mich intensiv mit der »Problematik« zu beschäftigen. Mein Ziel war es, herauszufinden, ob die alten Vorurteile gegenüber Einzelkindern heute noch ihre Gültigkeit haben. Nach intensiver Lektüre der wissenschaftlichen Literatur zu Einzelkindern kann ich frohen Mutes Entwarnung geben: Einzelkinder sind besser als ihr Ruf. Wo und wie sich das ausdrückt, das erfahren Sie auf den folgenden Seiten.

Brigitte Blöchlinger

Einführung

Der Schriftsteller Erich Kästner war eines, ebenso der Nobelpreisträger Wilhelm Conrad Röntgen, der Renaissance-Maler Leonardo da Vinci und das Sex-Symbol Marilyn Monroe. So unterschiedliche Temperamente wie Indira Gandhi, Josef Stalin, Königin Victoria, Alexander der Große, Brooke Shields, Elvis Presley, Iris Murdoch, Frank Sinatra – sie alle sollen, weil sie ohne Geschwister aufwuchsen, Einzelkind-typische Charakterzüge ausgebildet haben, selbstsüchtig, asozial und eigenbrötlerisch sein? Bei berühmten Einzelkindern wirkt diese Vorstellung ziemlich absurd. Bei »normalen« Einzelkindern hingegen ist es gang und gäbe, dass man sie alle in den gleichen Topf wirft und ihnen das Etikett »typisch Einzelkind« anhängt. Einzelkinder als einheitliche Gruppe zu verstehen, ist ein verbreiteter Reflex. Die Geschwisterlosigkeit, so die Meinung, soll sie alle gleichermaßen geprägt haben – in erster Linie negativ.

Die Tatsache, dass Einzelkinder ohne Geschwister aufwachsen, gilt bis in die Gegenwart als etwas »Unnatürliches«. Die Vorstellung vom armen, einsamen Einzelkind ohne Freunde zum Spielen, das bei Schuleintritt zum ersten Mal einer größeren Gruppe Gleichaltriger gegenübersteht und wegen seiner dürftig ausgebildeten sozialen Kompetenzen überall aneckt, diese Vorstellung stammt aus dem 19. Jahrhundert, als Einzelkinder rar gesät waren.

Um 1900 hatte gerade mal jedes 13. Paar nur *ein* Kind. Die »richtigen« Familien, die der Norm entsprachen, brachten es auf durchschnittlich sechs Kinder[1]. In Anbetracht dieser Menge galten Kinder ohne ein einziges Geschwister als bemitleidenswerte Kreaturen, deren Eltern höchstwahrscheinlich durch höhere Gewalt (Tod oder Krankheit eines Ehegatten) weiteren Nachwuchs entbehrten. »Es wäre besser für die Einzelnen und für die Menschheit, wenn es keine Einzelkinder gäbe«, schrieb 1912 der österreichisch-amerikanische Psychoanalytiker Abraham A. Brill.

Heute gilt: zwei Kinder oder gar keine. Vorurteile gegenüber *einem* Kind sind noch immer sehr verbreitet, wie mehrere Untersuchungen zeigen:

Schon Kinder von acht Jahren sind sich der Vorurteile über Einzelkinder bewusst und glauben, dass Einzelkinder einsamer, verwöhnter und verhaltensgestört sind und von Freunden herumkommandiert werden.[2]

College-Studenten und -Studentinnen bezeichnen Einzelkinder als »auf sich selbst fixiert, verwöhnt, alleine und abhängig«.[3]

Bei den Erwachsenen sieht es nicht besser aus. Sie erachten Einzelkinder als einsam, überbehütet und sozial wenig kompetent.[4]

Eltern mit mehreren Kindern schätzten Einzelkinder als verwöhnt, akademisch und am wenigsten liebenswert ein.[5]

Selbst die Eltern von Einzelkindern äußerten sich negativ – wenn sie gefragt wurden, wie sie *generell* Einzelkinder fänden, also nicht ihr eigenes.[6]

Ähnlich absurd sind die Vorurteile der erwachsenen Einzelkinder selbst: Sie stufen den Einzelkind*status* negativ ein, obwohl sie ihre persönliche konkrete Situation ohne Geschwister durchaus als angenehm empfinden.[7]

Bleiben noch die Psychologen und Therapeuten. Auch sie, die ihre Ansichten eigentlich berufshalber kritisch hinterfragen müssten, lassen sich von Vorurteilen gegenüber Einzelkindern leiten.[8] Vertreter dieser Berufsgruppen rechneten bei einem fingierten Klienten damit, dass dieser – sobald er als Einzelkind bezeichnet wurde – »mit großer Wahrscheinlichkeit« Schwierigkeiten haben werde.

Die Vorurteile gegenüber Einzelkindern sind in den letzten dreißig Jahren gleich geblieben, obwohl sich die Gesellschaft seither stark gewandelt hat und Einzelkind-Sein heute ganz anders ausschaut als früher. Gerade in Bereichen, die Geschwisterlose betreffen, hat sich besonders viel verändert.

Erstens hat sich die Scheidungsrate erhöht; sehr wahrscheinlich sind davon nicht nur Einzelkinder betroffen – deren Eltern sich in den 80er Jahren häufiger scheiden ließen als Eltern mit mehreren Kindern –, sondern alle Paare, sodass Scheidungskinder weit weniger stigmatisiert sind als früher.

Zweitens hat sich das Alter, in dem Paare an eine Familiengründung denken, nach oben verschoben. Insbesondere gut ausgebildete Frauen lassen sich oft bis Mitte dreißig Zeit, wollen erst ihre Ausbildung abschließen und im Beruf Fuß fassen, bevor sie an Kinder denken. Häufig haben sie dadurch weniger Kinder, nicht selten nur eines.

Drittens hat sich die Stellung der Frau in der Gesellschaft stark verändert. Bei Frauen von heute stößt die traditionelle Rolle als Hausfrau und Mutter mit der dazugehörenden Aufopferungsbereitschaft auf wenig Verständnis. Die meisten Frauen wollen auch mit Kindern erwerbstätig sein, in Teilzeit oder – sofern ihre Kinder gut betreut sind – in Vollzeit.

15

Gerade das ist aber ein Bereich, in dem sich in den letzten dreißig Jahren zu wenig getan hat. Zu wenig, als dass es die Paare dazu animiert hätte, mehr Kinder in die Welt zu setzen – wie allerorten in Europa gefordert wird. Wo es für Mütter schwierig ist, mit Kindern weiterhin zu arbeiten, findet man besonders geringe Geburtenraten von durchschnittlich weniger als 1,3 Kindern pro Frau.[9] Das bedeutet, dass dort die meisten Paare keine Kinder haben; und jene, die Kinder haben, lassen es bei ein bis zwei Kindern bewenden. Das ist in Norditalien, Spanien, Griechenland und Ländern des ehemaligen Ostblocks wie in der ehemaligen DDR der Fall.

In einigen Ländern ist die Arbeitsmarktlage so prekär geworden, dass die berufliche Unsicherheit viele Paare davon abhält, an Nachwuchs zu denken.

Nehmen wir als Beispiel Deutschland: Eine Befragung des deutschen Bundesinstituts für Bevölkerungsforschung im Jahr 2006 zeigte, dass die meisten Deutschen einen »sicheren Arbeitsplatz« für sich selbst oder für den Partner für eine unabdingbare Voraussetzung halten, um Kinder zu haben. Viele junge Männer und Frauen empfinden ihre berufliche Situation jedoch als so unsicher, dass sie die Familiengründung auf bessere Zeiten verschieben.[10] Doch nicht immer klappt es dann später, wenn die Rahmenbedingungen für Kinder besser wären, mit der Fruchtbarkeit der Paare. Viele finden sich in ihren Vierzigern kinderlos oder mit *einem* Kind wieder, obwohl sie in jungen Jahren einer größeren Familie nicht abgeneigt waren.

Wo zu wenige Kinder auf die Welt kommen, überaltert die Bevölkerung, mit allen negativen Auswirkungen, die das mit sich zieht. Will die Politik Paaren einen Anreiz geben, mehr Kinder zu bekommen, schreibt die deutsche Soziologin Elisabeth Beck-Gernsheim, sollte sie die Eltern darin unterstützen, ganz selbstverständlich trotz Kindern arbeiten zu können, statt darauf hinzuwirken, dass Frauen von heute Werte von gestern wie Selbstlosigkeit und Aufopferung für die Familie für sich neu entdecken.[11] Die Botschaft der Experten ist klar: »Wenn die moderne Gesellschaft mehr Kinder will, muss sie dafür mehr Gleichberechtigung bieten. Das eine ist nicht ohne das andere zu haben.«[12] Solange sich in diesem Bereich nichts Wesentliches ändert, werden wir in vielen Ländern weiterhin – wie in den letzten zehn Jahren – eine beachtliche Minderheit von Einzelkindern haben. Das wäre an sich nicht weiter schlimm, wenn Einzelkinder nicht als »zu Vermeidende« betrachtet würden.

Die Vorurteile gegenüber Einzelkindern haben wie alle Diskriminierungen die Eigenschaft, zäh und langlebig zu sein. Sie zwängen die Geschwisterlosen in ein Korsett, aus dem es fast kein Entrinnen gibt. Stereotypisierungen machen nicht nur den Betroffenen das Leben schwer, sie bedeuten auch eine Wahrnehmungsverarmung für jene Menschen, die die Vorurteile hegen. Wer anderen mit vorgefassten Meinungen begegnet, signalisiert immer auch: Ich will dich gar nicht kennenlernen, ich weiß bereits, wie du bist: Du bist anders als ich, ich bin besser. Letzten Endes sind Stereotypisierungen die Abwehr von unbekannten Größen und von deren Qualitäten, mit denen man sich lieber nicht konfrontieren will, weil sie einen selbst unangenehm hinterfragen könnten.[13] Dieses Buch möchte aufzeigen, dass Einzelkinder sehr wohl über Qualitäten verfügen, die es lohnt kennenzulernen.

Die andere Absicht besteht darin, zu präsentieren, was die Wissenschaft zu Einzelkindern bisher herausgefunden hat. Und das ist eine ganze Menge. Seit 110 Jahren haben Forscherinnen und Forscher aus Psychologie, Soziologie und Pädagogik die ganze Palette an Befürchtungen, die der Volksmund gegenüber Einzelkindern hegt, untersucht. Tausende von Fragebogen wurden verteilt, von Einzelkindern und deren Eltern und Lehrern ausgefüllt, und von den Wissenschaftlern ausgewertet.

Das Erstaunlichste ist, dass oft herauskam, dass sich Einzelkinder gar nicht stark von Geschwisterkindern unterscheiden – die Vorurteile jedoch frisch und munter weiterbestehen. Weshalb das so ist, möchte ich mit diesem Buch ebenfalls herausfinden.

Vielleicht wird einigen Leserinnen und Lesern im Laufe der Lektüre auffallen, dass ich mich vor allem auf amerikanische und chinesische Studien beziehe. Das ist deshalb der Fall, weil die USA früher als Europa vom Geburtenrückgang betroffen waren, und weil China am meisten Einzelkinder hat. In den USA verkündeten bereits 1977 zwei Soziologen, dass die Zeit für die Ein-Kind-Familie gekommen sei.[14] China setzte 1979 die Ein-Kind-Doktrin ein; wenige Jahre später wurden die ersten Einzelkindstudien durchgeführt.

In Europa hat der Trend zur Kleinstfamilie später eingesetzt und er wurde auch später als wichtiges Thema wahrgenommen, entsprechend spärlich ist hier die Einzelkindforschung. Der Blick über den eigenen Tellerrand ist für jene, die mehr zu Einzelkindern wissen möchten, also unabdingbar. Vieles der amerikanischen und chinesischen Forschung ist durchaus auf europäische Verhältnisse übertragbar. Wo das nicht der Fall ist, wird darauf hingewiesen.

Mittlerweile sind Einzelkinder auch in Europa eine relevante Größe geworden. So wird es Zeit, die gängigsten Vorurteile unter die Lupe zu nehmen und wo nötig zu korrigieren. Das wird in den folgenden Kapiteln mit den Überschriften »Einzelkinder sind ...« getan. In den jeweiligen Exkursen erfährt man die wichtigsten Hintergrundinformationen, die zu den einzelnen Vorurteilen gehören. Diese konzentrierte Aufklärung sollte es ermöglichen, dass unhaltbare Vorstellungen zu Einzelkindern ein Ende finden.

Denn es ist absurd, dass heutzutage, da in entwickelten Ländern ohnehin nur wenige Kinder zur Welt kommen, diejenigen ohne Geschwister noch schräg angeschaut werden – einfach weil sich die Leute falsche Vorstellungen machen.

Was die Einzelkindforschung zu den einzelnen Vorurteilen sagt

Die negative Bewertung von Einzelkindern ist in der Bevölkerung so verbreitet, dass sie wie eine universale Wahrheit erscheint. Die Wissenschaft hat sich von der ersten Einzelkindstudie an dafür interessiert, ob der »Volksmund« im Falle von Einzelkindern recht behält oder nicht. Die Frage, ob die Vorurteile gegenüber Einzelkindern berechtigt sind oder nicht, leitet im Hintergrund die absolute Mehrheit der bisher durchgeführten Studien. Wieder und wieder wollten Forscherinnen und Forscher herausfinden, welche der Vorurteile wissenschaftlich erhärtet werden können und welche nicht.

Sie bemühten sich dabei redlich, objektiv zu sein – lange Zeit mit wenig Erfolg. Denn bereits ihr Forschungsansatz war einseitig gefärbt: Indem er davon ausging, dass Geschwisterlosigkeit nur negative Auswirkungen habe. Erst Anfang der 1980er Jahre begann mit der US-amerikanischen Soziologin Judith Blake eine neue Ära in der Einzelkindforschung.[15]

Judith Blakes Quintessenz aus einer erneuten Analyse repräsentativer Daten ergab, dass kleine Familien, bestehend aus ein bis drei Kindern, die besten Entwicklungschancen haben und auch eine Nation als Ganzes voranbringen. Von da an verbesserte sich die negative Wahrnehmung der Forschenden auf Einzelkinder.

In den folgenden Kapiteln werden nun Punkt für Punkt

die wichtigsten Vorurteile gegenüber Einzelkindern durchleuchtet und daraufhin geprüft, ob sie heute noch Gültigkeit haben. Anders als in anderen populären Publikationen zu Einzelkindern, die häufig von therapeutisch tätigen Autoren geschrieben worden sind und auf »Fallbeispielen« aus der therapeutischen Praxis basieren, bilden in diesem Buch die *Wissenschaft* und ihre Ergebnisse den Hintergrund zu den dargelegten Gedanken.

Defizite durch falsche Erziehung?

Die ersten fünf Vorurteile, die im Folgenden genauer unter die Lupe genommen werden, haben etwas gemeinsam: Es sind Charaktereigenschaften, die sich einzig durch die Erziehung bilden. *Altklug* werden Einzelkinder, weil sie die Eltern imitieren oder weil sie durch andere Erwachseneneinflüsse ihrem Alter voraus sind. *Überbehütet* und *verwöhnt* werden sie von den Eltern, Großeltern, Patenonkeln und -tanten oder anderen Erwachsenen, die ihnen nahe stehen. *Intellektuell* ist nicht ganz so klar auf Umwelteinflüsse zurückzuführen. In seltenen Fällen werden Kinder aus sich heraus und im Kontrast zum geistigen Klima ihrer Ursprungsfamilie intellektuell. Doch bei Einzelkindern ist es vor allem die enge Beziehung zu den Eltern, die dazu führt, dass der »Intellekt« der Großen positiv auf die Kleinen einwirkt. Intellektuell werden Einzelkinder, weil sie dazu stimuliert werden, meist von klein auf. Auch *einsam* kommt man nicht auf die Welt, sondern man wird es, wenn man nicht lernt, sich den Mitmenschen zu öffnen – und man lernt es in erster Linie von jenen, die einen aufziehen.

Man sieht, die erste Gruppe Vorurteile gegenüber Einzelkindern geht gar nicht auf deren Konto, sondern auf jenes ihrer Eltern. Wenn Einzelkinder altklug, überbehütet, verwöhnt, intellektuell oder einsam sind, liegt das nicht an ihrer Persönlichkeit, sondern dann ist etwas in ihrer

Erziehung falsch gelaufen. In diesen fünf Fällen begegnet der »Volksmund« Einzelkindern mit Ablehnung für etwas, wofür sie gar nichts können.

So liegt es auf der Hand, sich in den Hintergrundkapiteln das nahe Umfeld von Einzelkindern anzusehen: Wie sind die Eltern von Einzelkindern? Welche Gründe bewegen sie, auf zweite und dritte Kinder zu verzichten? Wie viel Nähe zu den Eltern tut Einzelkindern gut? Wann wirkt sich die Eltern-Kind-Triade negativ aus, wann fördert sie das Einzelkind?

Vorurteil I
Einzelkinder sind altklug

Das Bild vom altklugen Einzelkind ist so alt wie die Einzelkindforschung selbst. Bereits 1898 beobachtete man bei manchen Einzelkindern »unübliche Frühreife«[16], womit ein altkluges Gebaren und Reden gemeint war, das die Erwachsenen imitierte. In einer neueren Variante tritt der etwas veraltete Begriff »altklug« auch als »erwachsenenorientiert« auf – eine Umschreibung, die zweifellos etwas Wichtiges anspricht: Kinder ohne Geschwister richten sich zu Hause zwangsläufig stärker auf die Eltern aus als solche mit Geschwistern. Haben Kleinkinder Geschwister, verbringen sie im Alter von drei bis fünf Jahren doppelt so viel Zeit miteinander wie mit den Eltern.[17]

Anders verhalten sich Einzelkinder in den ersten Jahren ihres Lebens. Wenn sie nicht Gleichaltrige zu Besuch haben, in der Spielgruppe oder Krippe sind, bleibt ihnen gar nichts anderes übrig, als sich an den Eltern auszurichten.

Was daraus zu schließen ist, ist jedoch unklar. Manche Einzelkinder werden altklug, mit der Betonung auf klug.

Sie sind dann ihren Altersgenossen vor allem verbal voraus[18], reden gerne und gut. Doch dazu bedarf es auch einer Begabung, der Umgang mit Erwachsenen alleine reicht nicht. Jean-Paul Sartre ist ein berühmtes Beispiel dafür, wie sprachlich begabte Einzelkinder durch ihre Eltern (bei Sartre: durch die Mutter) zu verbalen Höchstleistungen animiert werden. In seiner Autobiographie »Die Wörter« bemerkt er, dass ihm das nur eingeschränkt gut bekommen sei: »Ein verwöhntes Kind ist nicht traurig; es langweilt sich königlich. Hündisch.«[19] Sartre fängt schon als Kind an zu schreiben, beeinflusst von seinem Großvater und bewundert von der Mutter: »Ich produziere auch Erwachsenenwörter: ich bin in der Lage, ohne große Mühe etwas zu sagen, was ›weit über mein Alter hinausreicht‹.« Die Mutter fördert das erwachsenenähnliche Verhalten noch: »Meine Mutter sparte nicht mit Ermunterungen und lockte die Besucher ins Esszimmer, damit sie sehen konnten, was der junge Schöpfer an seinem Kinderpult trieb; ich tat so, als wäre ich viel zu beschäftigt, als dass ich die Gegenwart meiner Bewunderer auch nur bemerkt hätte; auf den Zehenspitzen schlichen sie wieder hinaus und murmelten, ich sei doch zu reizend und es sei doch zu charmant.«[20]

Nicht alle Menschen sind so begeistert über altkluge Kinder wie Sartres Mutter. Wer sich daran stört, wird dieses Verhalten abwerten und die Befürchtung äußern, den Kindern werde zu früh die Kindheit geraubt, sie fänden sich zu schnell in der Erwachsenenwelt wieder. Nun ist das aber so eine Sache mit der »kindgerechten Kindheit«. Was ist das heutzutage? Hinter dem Vorurteil, dass insbesondere Einzelkinder altklug sind, steckt eine Vorstellung, die aus den Anfängen der Einzelkindforschung, vom »Vater der amerikanischen Entwicklungspsychologie« Granville Stanley Hall, stammt. Hall wurde 1844 geboren und pflegte ein von der Romantik geprägtes Kindheitsideal, in dem die lieben Kleinen in ihrer freien Zeit – so wie er selbst es noch getan hatte – in der Gruppe durch Feld, Wald und Wiesen zu streifen hatten, um »gesund« aufzuwachsen.[21] Diese Zeiten sind längst vorbei (und erleben als Waldkindergarten in abgemildeter Form eine kleine Renaissance).

Nun hat der Mensch in den letzten 100 Jahren nicht nur die Natur grundlegend verändert und ihrer »Natürlichkeit« beraubt, die Gesellschaft hat auch die Sozialisation kleiner Kinder völlig umgekrempelt: weg von der freien Gruppenbildung hin zum von den Eltern geplanten Besuch organisierter Freizeitvergnügen – vom Babyschwimmen über den Ballettunterricht bis zum Fechtklub. Die Zeiten, da man nur ganz Kind war, wenn man mit Freunden durch die Natur streifte, sind vorbei, man mag es bedauern oder nicht. Heute wachsen auch Geschwisterkinder schon in jungen Jahren – zumindest was das Freizeitverhalten anbelangt – sehr erwachsenenorientiert auf.

Für Einzelkinder hat das insofern einen Vorteil, als sie problemlos mithalten können. Um im Chor zu singen oder in einem Kurs schwimmen zu lernen, braucht man keine Geschwister. Der soziale Aspekt ist im Arrangement inbegriffen. Dass es bei all diesen organisierten Freizeitvergnügungen Erwachsene sind, die die Kinder anleiten, hat noch niemanden veranlasst zu befürchten, das Ganze sei wenig kindgerecht. Trotzdem wird heutzutage die Freizeitgestaltung von Kindern, seien es nun Geschwister- oder Einzelkinder, streng genommen, von Erwachsenen dominiert: Kinder gestalten ihre Aktivitäten nicht selbst, sondern werden angeleitet durch Erwachsene, die ihnen die pädagogisch wertvollen »Inputs« vermitteln. Kinder konsumieren letzten Endes Angebote, statt wie zu Halls Zeiten aus dem, was sie in der Natur vorfinden, selbst (und gratis) etwas zu erschaffen. Für Einzelkinder ist das positiv, denn ihr ohnehin starker Bezug zu den Erwachsenen wird dadurch erweitert, außerdem kommen sie in Kontakt mit Gleichaltrigen. Ob die ganze Entwicklung allerdings noch »ursprünglich kindgerecht« ist, darf angezweifelt werden. Sicher nicht im Hall'schen Sinne. Wie Kinder heute ihre Freizeit verbringen, ist städtisch inspiriert und benötigt zahlungskräftige Eltern.

Zu G. Stanley Halls Zeiten beeinflusste der Umstand, ob ein Kind als erstes, mittleres, letztes oder einziges auf die Welt kam, viel stärker sein Aufwachsen, als das heute der Fall ist. Früher war vor allem das Erstgeborene – und damit auch das Einzelkind – von besonderer Bedeutung. In bestimmten Kulturen ist der Erstgeborene bis heute das angesehenste Kind. In Kamerun zum Beispiel erhält er den Vornamen des Vaters. Früher wurde ihm oft Autorität über die nachfolgenden Geschwister gegeben, er folgte dem Vater auch beruflich nach und übernahm in der Regel, sofern vorhanden, das elterliche Geschäft.[22] In China wirkt sich diese Tradition der besonderen, verantwortungsvollen Stellung des Erstgeborenen seit der Einführung der Ein-Kind-Doktrin 1979 gelegentlich tragisch aus: Das ist dann der Fall, wenn erstgeborene Mädchen das Feld für einen männlichen Stammhalter räumen müssen und abgetrieben werden.[23] In China, aber auch in Indien, Bangladesch und Pakistan gibt es immer weniger Mädchen und Frauen, weil geschlechtsspezifische Abtreibungen zunehmen. Bei der letzten Volkszählung in China wurde festgestellt, dass das Geschlechterverhältnis zwischen neugeborenen Mädchen und Jungen bei 100:119 liegt.

Erstgeborene werden in ihrer charakterlichen Art gerne mit Einzelkindern verglichen – ja Einzelkinder gelten oft als »Spezialfälle« von Erstgeborenen, nämlich als Erstgeborene ohne nachfolgende Geschwister. Beiden wird nachgesagt, dass sie in ihrer Art erwachsenenorientiert seien und ernsthafte Eigenschaften entwickelten wie seriös, zuverlässig, verantwortungsvoll. Es gibt auch einen wissenschaftlichen Versuch, solche Einzelkinder als Untergruppe zusammenzufassen und zu charakterisieren. Leider entwickelte sich diese als Typ 3 beziehungsweise als Erstgeborenen-Typ[24] bezeichnete Einzelkinduntergruppe im Laufe des Lebens wenig stringent.

Einzelkinder dieses Typs waren, sofern sie weiblich sind, in der Kindheit zuverlässig, produktiv, mitfühlend, verwöhnt und anspruchsvoll, überkontrolliert und zu geradlinig – das bedeutet hier, dass sie negative Kritik zu direkt ausdrücken. In der Adoleszenz entwickelten sie sich zu überkontrollierten, unnahbaren, moralisierenden Jugendlichen; im späten Erwachsenenalter wurden daraus ruhige, introvertierte und warmherzige ältere Damen …

Nun ist es zwar als Fortschritt zu werten, dass der für diese Untersuchung zuständige Psychologe B.G. Rosenberg die »Großkategorie« Einzelkind in drei Typen aufgebrochen hat und nicht mehr als einheitliche Gruppe definierte. Doch erfährt man dadurch leider nicht, wie »Typ 3«, die »reifen« Einzelkinder, sich fühlen als »kleine Erwachsene«. Zahlen sie für ihre Wesensart einen Preis, durch gewisse Nachteile? Zum Beispiel mit ungesunder Unsportlichkeit oder damit, dass sie bei Gleichaltrigen weniger beliebt wären? Letzteres wäre ein hoher Preis für altkluges Gebaren. »Reif« wirkende Einzelkinder wären dann in ihrer Kindheit eigentlich unglücklich, vor allem wenn sie von den Gleichaltrigen weniger gemocht würden.

Doch dem ist nicht so, haben die holländischen Forscher Ruut Veenhoven und Maykel Verkuyten[25] herausgefunden. Die untersuchten Einzelkinder waren nicht weniger glücklich als Geschwisterkinder, sie waren sogar etwas zufriedener mit ihrem Leben, hatten allerdings das

Gefühl, dass sie nicht ganz so viel Spass wie Geschwisterkinder haben. Die Befürchtung, dass sich altkluge Einzelkinder zu traurigen »kleinen Eierköpfen« (*Egg head*, Eierkopf, bezeichnet umgangssprachlich einen abgehobenen intellektuellen Wissenschaftler; der Begriff spielt auf die bei Akademikern angeblich häufiger anzutreffende Glatze an) entwickeln könnten, bewahrheitete sich nicht. Einzelkinder bezeichneten sich zwar als etwas weniger sportlich, doch machte ihnen das nicht viel aus, auf jeden Fall hatten sie ein gleich gutes Selbstwertgefühl wie Geschwisterkinder. Das beste Selbstwertgefühl hatten weibliche Einzelkinder, deren Mutter arbeitete; das schlechteste, wer zu Hause einen arbeitslosen Vater vorfand.

Trotzdem kann es für Einzelkinder zu einem Problem werden, wenn sie vor allem mit Erwachsenen zu tun haben. Viele Einzelkinder, die heute zwischen dreißig und vierzig Jahre alt sind, erinnern sich an ihre Kindheit, dass sie nicht nur in ihrer Kernfamilie das einzige Kind waren, sondern auch im breiteren Freundeskreis der Eltern[26]. Ein paar wurden immer von den Eltern mitgenommen, wenn man Freunde besuchen ging; die Einzelkinder saßen dann mit Vater und Mutter am Tisch und beobachteten, wie die Erwachsenen miteinander umgingen. Bei einigen wirkte sich das in der Form aus, dass sie sich schon als Kind wie kleine Erwachsene fühlten. Sie hatten auch später überhaupt keine Mühe, mit Älteren zusammen zu sein. Dass sie überall mitgenommen wurden, sahen viele als Nährboden dafür, dass sie sich ihren Eltern sehr nahe fühlten.

Probleme gab es allerdings, wenn ihre gleichaltrigen Freunde mit ihnen gerne Kinderspiele gemacht hätten: zum Beispiel so zu tun, als sei man ein Pferd; dann konnte es vorkommen, dass sie sich verweigerten, weil ihnen das zu blöd vorkam. Sie fanden es einfacher, mit Erwachsenen

Konversation zu machen als mit dem besten Freund zu wiehern und herumzugaloppieren.

Auch in der Schule öffneten sich solche Einzelkinder, die vor allem mit Erwachsenen zusammen waren, in erster Linie der Lehrerin oder dem Lehrer, und hatten teils Mühe, gut mit den Mitschülern auszukommen. Bei manchen zieht sich diese Vorliebe für Ältere bis ins Erwachsenenleben hinein. Ein Mann Anfang zwanzig, der als Einzelkind aufgewachsen war, berichtet in der Studie, dass seine gleichaltrigen Freundinnen ihm sagten, er rede zu ihnen wie ein Vater. Ein anderer fühlt sich vor allem zu älteren Frauen hingezogen, wieder andere suchen sich Freunde, die älter sind oder reif für ihr Alter. – Die Rede ist hier von Einzelkindern der Jahrgänge 1966 bis 1980.

Allzu viele Erwachsene verderben das Einzelkind, könnte man analog zu den Köchen und dem Brei schließen. Einzelkind-Eltern sollten es mit dem »Für-voll-Nehmen« nicht übertreiben und im Alltag ihres Einzelkindes ein ausgewogenes Verhältnis an Erwachsenenwelt und Kinderwelt anstreben.

Mit dieser Überlegung wären wir beim ersten Hintergrundkapitel angelangt: Wie sind die Erwachsenen, mit denen Einzelkinder am meisten zu tun haben – wie sind ihre Eltern?

Hintergrund
Wie sind die Eltern von Einzelkindern?

Was zeichnet die Eltern von Einzelkindern aus? Wie sind die Mütter, wie die Väter von Einzelkindern? Was ist ihnen wichtig, wo schauen sie nicht so genau hin? Die Studien, die es zu diesen Fragen gibt, zeigen, dass das landläufige Bild von Einzelkind*eltern* »über weite Strecken einer seriösen erfahrungswissenschaftlichen Grundlage«[27] entbehrt, so der deutsche Familienforscher Hartmut Kasten. Häufig findet man gegenüber Eltern von Einzelkindern ähnliche Vorurteile, wie sie den Geschwisterlosen auch nachgesagt werden. Die Eltern gelten als sozial weniger kompetent, mehr auf sich selbst fokussiert, unreif, weniger freundlich und weniger gutmütig als Eltern von mehreren Kindern.[28]

Zwischen 2002 und 2005 hat das Deutsche Jugendinstitut, das Familien in Deutschland unter den verschiedensten Aspekten erforscht, die Mütter und zum Teil auch die Väter von 5- bis 6-Jährigen und von 8- bis 9-Jährigen befragt. Dieses sogenannte Kinderpanel 2005[29] liefert neben dem neuesten Buch des deutschen Familienforschers Hartmut Kasten[30] die umfassendsten Informationen, wie Eltern in Deutschland heute sind.

Viele Eltern von Einzelkindern sind Akademiker, Selbständige oder qualifizierte Handwerker oder Techniker. Der Beruf ist ihnen zwar wichtig, doch kommt es ihnen überraschenderweise nicht so wie Eltern von mehreren Kindern darauf an, ob ihr Job auch interessante Aufgaben beinhaltet.

Diesem Befund von Kasten widerspricht das Kinderpanel 2005: »Der verbreitete Eindruck, dass vor allem gut ausgebildete Personen, quasi als Antwort auf die Probleme der Vereinbarkeit von Familie und Beruf, zu Ein-Kind-Familien neigen, lässt sich mit den Daten des Kinderpanels widerlegen.« Offenbar hat sich die soziale Schicht von einigen Ein-Kind-Eltern in den letzten Jahren verändert: »Sowohl Familien mit einem Kind wie auch mit mehr als drei Kindern gehören häufiger niedrigen sozialen Schichten an, während Familien mit drei Kindern besonders oft aus höheren Schichten stammen.« In China hingegen trifft es eher noch zu, dass Eltern von *einem* Kind besser ausgebildet sind.[31]

Kasten zufolge finden es Eltern von Einzelkindern tendenziell gut, dass beide Elternteile berufstätig sind, selbst wenn das Kind noch unter drei Jahre alt ist. So ist es nicht verwunderlich, dass auch die Mütter von Einzelkindern deutlich häufiger erwerbstätig sind als die Mütter von Geschwisterkindern (68 versus 43 %). Ein paar Einzelkind-Mütter arbeiten sogar in Vollzeit, knapp die Hälfte in Teilzeit, ein Drittel ist nicht erwerbstätig.

Den Ein-Kind-Familien steht in der Regel mehr Einkommen zur Verfügung. Nur jedes zehnte Einzelkind wächst in armen Verhältnissen auf; bei den Geschwisterkindern trifft dies auf jedes fünfte Kind zu.[32]

Familienverpflichtungen stressen die Einzelkindeltern weniger als etwa Ausbildungs- und Berufswechsel. Das könnte daran liegen, dass es zwei Untergruppen von Einzelkindeltern gibt: sehr junge, die ihre Ausbildung noch nicht abgeschlossen haben, und ältere, die an Weiterbildung oder Umschulung denken.

Im Familienalltag teilen sich Väter und Mütter von *einem* Kind etwas häufiger die anfallenden Hausarbeiten wie einkaufen, putzen, kochen, waschen und bürokratische Erledigungen. Bei ihnen ist die Arbeitsteilung weniger streng, Vater oder Mutter sind nicht nur für einen bestimmten Aufgabenbereich zuständig, das gilt auch fürs Geldverdienen. Deutlich häufiger kümmern sie sich auch gemeinsam um das Kind. Für die sozialen Außenkontakte fühlt sich jeder selbst zuständig. Auch andere Bereiche regeln Mutter und Vater eher für sich, beispielsweise Behördengänge in eigenen Belangen, Einkaufen von Kleidung oder größere Anschaffungen.

Die meisten Einzelkinder (59 %) wachsen im Vor- und

Grundschulalter in sogenannten intakten Familien auf, das heißt: bei ihren verheirateten Eltern. Doch neben diesen ehelichen Gemeinschaften gibt es auch viele Eltern mit Einzelkindern, die ohne Trauschein zusammenleben (13 %): Doppelt so viele Einzelkindeltern wie Mehrkindeltern leben in nichtehelicher Lebensgemeinschaft.

Nicht alle bleiben ein Leben lang zusammen. Eltern mit nur einem Kind lassen sich öfter scheiden als Mehrkindeltern. Daher wachsen Einzelkinder viel häufiger bei alleinerziehenden Müttern (oder Vätern) auf als Kinder mit Geschwistern. 36 % der Einzelkinder im Alter zwischen 5 und 9 Jahren leben bei Alleinerziehenden oder in Stieffamilien (bei Geschwisterkindern tun dies nur 20 %).

Bei der Erziehung legen Eltern von *einem* Kind vor allem Wert auf gute Schulleistung, Verantwortungsbewusstsein und Selbstvertrauen. Weniger wichtig sind ihnen Pflichtbewusstsein, Selbständigkeit und Umgangsformen des Kindes.

Familie und Beruf sind nicht das Einzige, was Einzelkindeltern interessiert. Sie nutzen Angebote in ihrem Stadtviertel häufiger als Eltern von mehreren Kindern, sei es nun Kino, Restaurants oder Theater. Dabei kommt ihnen zugute, dass sie ihr Einzelkind nicht als finanzielle Belastung erleben und auch sonst finden, ihr Nachwuchs mache ihnen selten Sorgen und Probleme.

Die meisten Ein-Kind-Familien leben in Städten. Das war schon in den 1950er und 1970er Jahren in den USA der Fall[33]; auf dem Land traf man sie nur selten, dort gab es vor allem kinderreiche Familien. Städte bieten in der Regel ein besseres kulturelles Angebot, wovon sowohl die Eltern als auch die Einzelkinder profitieren. Auch das Angebot für familienexterne Kinderbetreuung ist besser. Gleichzeitig sind Städte stark verdichtete Gebiete, mit allen Nachteilen wie teurem und kleinem Wohnraum, gesundheitsgefährdender Umweltverschmutzung und sozialen Problemen.

Einzelkindeltern gehen nicht nur öfters aus, sie besprechen Wichtiges auch eher mit Freunden und Bekannten. Die klassischen Werte Ehe, Familie und Kinder haben für sie keinen so hohen Stellenwert wie für Mehrkindeltern. »Für viele Ein-Kind-Eltern spielt das Kind zwar auch eine wichtige Rolle, rückt jedoch in seiner Wertigkeit sozusagen gleichberechtigt neben Dinge, welche die persönliche Selbstverwirklichung oder die Partnerschaft betreffen«, fasst der Familienforscher Hartmut Kasten die Einzelkindeltern in Deutschland zusammen.[34]

Behandeln die Eltern von Einzelkindern die Mädchen anders als die Jungen? In einer Studie aus den USA wurde dazu Bemerkenswertes herausgefunden. Die Psychologinnen Phyllis A. Katz und Sally L. Boswell interviewten 1984 127 Mütter und 67 Väter und verglichen die Eltern von Einzelkindern mit den Eltern von Geschwisterkindern.

Eltern von Einzelkindern unterschieden sich signifikant von Eltern mehrerer Kinder in zahlreichen Bereichen: Sie waren weniger auf Kinder beiderlei Geschlechts aus, ihnen reichte *ein* Kind und damit ein Geschlecht. Allerdings fühlten sie sich veranlasst, sich länger zu rechtfertigen, weshalb sie nur ein Kind hatten.

Die Mütter von Einzelkindern waren von allen am liberalsten eingestellt und weniger auf stereotype Geschlechtsrollen fixiert; sie erlaubten ihrer Tochter mehr Verhaltensweisen, die nicht dem gängigen Bild von Weiblichkeit entsprachen. Die Töchter durften problemlos auch mit Spielsachen spielen, die für Jungen gedacht waren. Die Eltern von Einzelkind-Töchtern reagierten am tolerantesten, die Eltern von Einzelkind-Söhnen am intolerantesten.

Einzelkind-Söhne wurden vor allem von den Vätern

strikt auf Männlichkeit getrimmt. Der nachgiebige, liberale und nicht klischeehafte Erziehungsstil der Mütter stand dabei im Gegensatz zum klassisch männlichen, rollenkonformen Stil der Väter; dadurch erhielten Einzelkind-*Jungen* in der Erziehung eher widersprüchliche Signale.

Die Psychologinnen folgerten aus ihrer Studie, dass es klare Unterschiede gibt zwischen Eltern von Einzelkindern und solchen von mehreren Kindern. Sie führten zur Unterstützung dieser Ansicht weitere Beispiele an: Einzelkindeltern glaubten, sie hätten eine engere Beziehung zu ihrem Kind und sie würden ihr Kind weniger verwöhnen. Die Mütter von Einzelkindern verfolgten eher ihre Karriere und waren der Ansicht, dass es genauso zufrieden mache, *ein* Kind aufzuziehen wie zwei, und dass ihre Entscheidung nicht selbstsüchtig sei.

Eine chinesische Studie von 1998[35] legt nahe, dass der Hauptbefund der amerikanischen Untersuchung auch im Reich der Mitte gilt: Einzelkind-Jungen und Einzelkind-Mädchen werden verschieden erzogen. Die chinesischen Lehrer fanden, Einzelkind-*Jungen* würden von den Eltern mehr kontrolliert. Die Eltern der Einzelkind-Jungen wiederum berichteten von mehr Schwierigkeiten und Frustrationen als die Eltern von Einzelkind-Mädchen. Die Einzelkind-*Mädchen* wurden dafür konsequenter diszipliniert.

Die Mütter wurden allgemein als kontrollierender, erfolgsorientierter und lobender als die Väter wahrgenommen. Die Väter konnten aber nach der Einführung der Ein-Kind-Politik in China, 1979, die Kindererziehung nicht mehr einfach den Müttern überlassen, sie waren stärker in die Erziehung involviert als vorher.[36]

Man sieht, die Eltern von Einzelkindern ähneln sich zwar in gewissen Ländern und zu gewissen Zeiten in einigen

Merkmalen. Doch sind das Durchschnittswerte, die sich im Laufe der Zeit ändern können und die auch nie für alle Einzelkindeltern gleichermaßen gelten.

Zwei psychologische Eigenarten sind jedoch sehr vielen Eltern von Einzelkindern gemeinsam. Erstens: Sie haben die Vorurteile gegenüber dem Einzelkind*status* so sehr verinnerlicht, dass sie, obwohl sie ihr eigenes Einzelkind positiv empfinden, den Einzelkindstatus an sich negativ einschätzen.[37] Offensichtlich wirken auch bei den Einzelkindeltern die Stereotypisierungen stärker als die eigenen guten Erfahrungen mit *einem* Kind.

Und zweitens: Die Eltern haben häufig hohe Erwartungen in ihr einziges Kind. Das kann, wie wir später sehen werden, das Kind zu Höchstleistungen anspornen, es kann aber auch, wenn das Einzelkind die Erwartungen nicht zu erfüllen glaubt, zu einem geringeren Selbstwertgefühl führen.[38]

Vorurteil 2
Einzelkinder sind überbehütet

In den ersten Lebensjahren von Einzelkindern lässt sich etwas Eigenartiges beobachten: Die Mütter, die nur ein Kind möchten, widmen sich ihrem Baby stärker als die Mütter, die noch weitere Kinder planen. Einzelkind-Mütter nehmen in den ersten Monaten ihren Säugling häufiger hoch, halten, wiegen, küssen und baden ihn, schauen ihn mehr an und sprechen mehr zu ihm.[39]

Weshalb dem so ist, weiß man nicht. Fast könnte man meinen, Einzelkinder würden, kaum auf der Welt, von ihren Müttern bereits verhätschelt und überbehütet. Vermutlich wollen es die Mütter von Einzelkindern aber einfach besonders gut machen, weil sie wissen, dass ihr Erstgeborenes das Einzige bleiben wird. Es könnte auch sein, dass die Einzelkinder auf die mütterliche Zuwendung ansprechen und schneller reklamieren, wenn diese einmal ausfällt. Auf jeden Fall schreien Einzelkinder im Säuglingsalter mehr, lächeln seltener und »spielen« weniger als Erstgeborene, die noch ein Geschwister bekommen. Die Mütter reagieren darauf und antworten bereitwilliger auf die Ansprüche ihres Nachwuchses.

Doch nach einem Jahr verlieren sich die Unterschiede zwischen Einzelkindern und Erstgeborenen, die noch ein Geschwister bekommen werden. Als Einjährige verhalten sie sich in etwa gleich, anders die Mütter. Mütter, die nur *ein* Kind wollen, haben auch nach zwölf Monaten mehr Körperkontakt zu ihrem Kind und spielen immer noch mehr mit ihm. Das wirkt sich auf das Verhalten der Kleinkinder aus: Mit zwei Jahren spielen Einzelkinder länger und intensiver mit Spielzeug als Geschwisterkinder, und die Mütter beobachten, unterstützen und loben sie nach wie vor mehr.

Die Studie scheint die landläufige Meinung zu bestätigen, dass Einzelkinder tendenziell überbehütet werden. Doch dieser Eindruck täuscht. In den ersten Monaten kann man nicht von Überbehütung sprechen; in dieser Zeit geht es um eine liebevolle und prompte Erfüllung der Bedürfnisse der Säuglinge, die noch nicht in der Lage sind, mit Stress umzugehen und sich selbst zu beruhigen.

Von Überbehütung kann erst später gesprochen werden, wenn Eltern ihr Kind so erziehen, dass sie es ihm erschweren, »eigenständige Erfahrungen außerhalb der elterlichen Einflusssphäre zu sammeln und dadurch Selbständigkeit zu erwerben«[40], wie es der deutsche Familienforscher Hartmut Kasten formuliert. Kinder sind überbehütet, wenn sie übermäßig kontrolliert werden, wenn sie dauernd unter Beaufsichtigung stehen oder wenn die Eltern sie verwöhnen und ihnen übertrieben zugewandt sind. Einen Säugling in seinem ersten Jahr nicht schreien zu lassen, sondern seine wie auch immer geartete Not rasch zu lindern, gilt hingegen als adäquates mütterliches Verhalten.

Dass Mütter beim ersten Kind unsicher sind, wie stark sie auf Schreien und Weinen reagieren sollen, liegt auf der Hand. Erst beim zweiten oder dritten Kind stellt sich eine gewisse Gelassenheit ein. Zweit- und drittgeborene Kinder rechnen deshalb auch weniger damit, dass ihnen immer sofort geholfen wird. Im Gegensatz zu Erstgeborenen und Einzelkindern, die erwarten, »dass man sich um sie kümmert und sich ihrer annimmt, wenn sie Stress erleben (…)«[41].

Doch mit der Zeit müssen die Heranwachsenden altersgerechte eigene Erfahrungen machen können. Die Kinder müssen sich nach und nach daran gewöhnen, eigenständig schwierige Situationen zu bewältigen. In der Regel ist das in Ein-Kind-Familien auch möglich. Die Eltern von Einzelkindern sind nicht stärker überbehütend als Eltern von Geschwisterkindern.[42] Einzelkinder werden im Laufe der Jahre sogar häufig zu eher unabhängigen, selbstbestimmten Typen, die sich unter normalen Umständen nicht dauernd bei anderen anlehnen.

Früher ging man gerade vom Gegenteil aus. Es galt, dass Einzelkinder unselbständiger sind und eher die Unterstützung von anderen brauchen. Um herauszufinden, ob das stimmt, haben sich Forscher ein heute seltsam anmutendes Experiment einfallen lassen, das zu einem »Klassiker« avancierte, auf den immer wieder verwiesen wird. Das Experiment stammt vom US-amerikanischen Sozialpsychologen Stanley Schachter und wurde in den fünfziger Jahren durchgeführt.[43]

Schachter wollte herausfinden, wie sich Einzelkinder und Erstgeborene verhalten, wenn sie sich ängstigen – suchten sie in diesem Fall stärker die Nähe anderer Menschen? Er inszenierte zur Untersuchung eine furchteinflößende experimentelle Situation, in der ein vermeintlicher Professor den Probandinnen, alles junge Studentinnen, erklärte, sie würden zu wissenschaftlichen Zwecken relativ starke Elektroschocks erhalten. Natürlich reagierten die Studentinnen darauf mit Angst. Um herauszufinden, wie stark sie sich fürchteten und ob sie zur Entlastung die Nähe der anderen Probandinnen suchten, stellte der Experimentator die Studentinnen vor die Wahl: Entweder konnten sie alleine auf den Beginn des Experiments mit den Elektroschocks warten oder in Gruppen.

Es stellte sich heraus, dass sich die Einzelkinder unter den Studentinnen vor dem angekündigten Experiment (das nicht durchgeführt wurde) stärker fürchteten als Spätergeborene. In ihrer Angst wählten sie eher die Option, in Gesellschaft der Kommilitoninnen zu warten.

Anders reagierten die Einzelkinder in einer abgeänderten experimentellen Situation, wo nur schwache Elektroschocks angekündigt wurden. In diesem Fall blieben die Einzelkinder (und Erstgeborenen) ruhig, und sie zeigten sich nicht sonderlich anlehnungsbedürftig. Sie warteten lieber für sich allein und unterschieden sich in dieser Situation nicht von Geschwisterkindern.

Ein weiteres Resultat ist bemerkenswert: Sämtliche Einzelkinder wollten trotz Angst mit dem Elektroschock-Experiment weitermachen, während die Erstgeborenen es fast zur Hälfte vorzogen, auszusteigen. Was die Einzelkinder bewog, dabeizubleiben, wurde leider nicht erfragt. Was auch immer es war, Pflichtbewusstsein etwa oder Durchhaltewillen, es erwies sich stärker als die Angst.

Stanley Schachter fragte sich, ob seine Experimente wohl

verallgemeinerbar seien. Um das zu beantworten, zog er
ältere Studien hinzu. In denen wurde unter anderem dar-
gelegt, dass sich unerfahrene Mütter ihrem Erstgeborenen
(und ihrem Einzelkind) stärker zuwandten. Da sie noch
unerfahren waren, erzogen sie eher nach der Methode: Ich
probiere mal etwas aus und schaue, wie es beim Kind ankommt. Dieser Erziehungsstil war nicht sonderlich geradlinig und konsequent, sondern erforderte immer wieder
Korrekturen. Das eine Mal waren die Mütter zu streng,
dann wieder zu nachgiebig. Daraus folgerte Schachter:
»Die Unsicherheit der Eltern kann dazu führen, dass sie
das erste Kind überbehüten.«[44] Bei späteren Kindern hatten die Eltern weder die Zeit noch das Bedürfnis, dauernd
auf das Kind einzugehen.

Das zeigte sich zum Beispiel darin, dass sich Mutter und
Vater über die erste Schwangerschaft fast doppelt so sehr
freuten wie über die zweite, und über die dritte noch weniger. – Je später das Kind geboren wird, desto weniger will-
kommen ist es, folgerte Schachter – eine Schlussfolgerung,
die heute wohl nicht mehr akzeptiert wird. Die gleiche Abnahme der Zuwendung zeigte sich in den 1950er Jahren
jedoch auch beim Stillen: Erstgeborene wurden damals am
längsten gestillt (4 Monate), das zweite Kind halb so lange
(2,1 Monate) und das Dritte nur noch kurz (1,7 Monate).

Aufgrund all seiner Beobachtungen und Überlegungen
glaubte Schachter 1959 einen klaren Trend zu erkennen:
Einzelkinder waren abhängiger von Erwachsenen als Erstgeborene. Erstgeborene wiederum waren abhängiger als
Spätergeborene.[45] Eine Verallgemeinerung, die schon damals etwas einseitig wirkte, wenn man Schachters ganzes
Experiment berücksichtigte. Nichtsdestotrotz eine Verallgemeinerung, die in der Folge immer wieder zitiert wurde
und sich halten konnte.

Wissenschaftler haben in jüngeren Untersuchungen das

Gegenteil beobachtet. Sie stellten fest, dass Einzelkinder, die in ihrer Kindheit keinen Mangel an Zuwendung litten und die die elterliche Zuwendung und Liebe ungeteilt und reichlich erfahren durften, besonders *autonom* wurden und besonders niedrige Anschlussbedürfnisse hatten. Wohingegen ein *Mangel* an Zuwendung und der Entzug von Zuwendung in jungen Jahren das Anschluss- und Anlehnungsbedürfnis verstärken.[46] Bedenkt man die eingangs erwähnte Säuglingsstudie, so kann es durchaus sein, dass Einzelkinder ihr Leben oft mit so viel Zuwendung beginnen, dass sie es später weniger nötig haben, in größeren Gruppen oder Organisationen nach Geborgenheit zu suchen.

Das bedeutet allerdings nicht, dass Einzelkinder sich selbst genügen und sich zu niemandem zugehörig fühlen möchten. Im Gegenteil: Einzelkinder brauchen neben der Kernfamilie unbedingt noch weitere Bezugspersonen. Werden sie überbehütet, wird es ihnen schwer gemacht, den nötigen Freiraum zu finden, um außerhalb der elterlichen Primärbeziehung weitere enge Bindungen aufzubauen. Gerade das ist aber für Einzelkinder zentral. Überbehütung zieht häufig soziale Ausgrenzung mit sich.[47] Die Eltern engen das Kind mit ihrer Erziehung so sehr ein, dass es ihm unmöglich wird, regelmäßige und kontinuierliche Kontakte zu Gleichaltrigen aufzubauen.

Um Einzelkindern den Kontakt zu Gleichaltrigen, möglichst schon im Krabbelalter, zu ermöglichen, bedarf es der Unterstützung der Eltern. Das ist nicht immer eine leichte Aufgabe, es kann anstrengend und aufwendig sein. »Ich finde es ganz wichtig, dass mein Sohn mit anderen Kindern spielen kann«, berichtet eine Einzelkindmutter. »Das erfordert eine Menge Organisation, es macht ziemliche Mühe, die Kinder hierher zu schaffen.«[48] Die Mühe auf sich zu nehmen, ist jedoch nötig. Denn anders als Geschwisterkinder brauchen Einzelkinder zu Beginn mehr Unterstützung durch die Eltern, um mit anderen Kindern Freundschaften zu knüpfen.[49]

Nicht immer geht dies ohne Enttäuschungen ab. Doch gerade diese sind für Einzelkinder lehrreich, da sie ihnen helfen, nicht allzu vertrauensvoll durch die Welt zu gehen, findet die Psychologin und Einzelkindexpertin Toni Falbo, selbst ohne Geschwister aufgewachsen und Mutter eines Einzelkindes. »Man muss darauf achten, nicht überfürsorglich zu sein, es ist falsch, wenn man dem Kind alle Nackenschläge erspart«, ist sie überzeugt. »Es ist schwer, mitanzusehen, wie ein Kind leidet, aber die Kinder müssen lernen, allein zurechtzukommen. Einzelkinder sind oft etwas naiv.«[50]

Kontakte zu den verschiedensten Leuten, nicht nur zu Verwandten und Freunden, sondern auch zu Nachbarn, Berufstätigen, fernen Bekannten zeigen dem Einzelkind, dass es neben Mutter und Vater eine facettenreiche Welt gibt, die vielfältiger ist als der Nahbereich. »Es braucht ein ganzes Dorf, um ein Kind zu erziehen«, sagt ein afrikanisches Sprichwort. Es meint damit, dass es neben Mutter und Vater immer auch Onkel, Tanten, Freunde, Nachbarn, Bäcker, Autohändler, Anzeigenverkäufer, Lebemenschen, Philosophen und so weiter geben muss, die einem Kind ein breites Gesamtbild von der Welt vermitteln. Einer Welt, in der die verschiedensten Charaktere eine bestimmte Rolle spielen, manchmal eine wichtigere, manchmal eine nebensächliche.

Wie wichtig *Neben*figuren werden können und wie nebensächlich *Haupt*figuren, lässt sich am Thema Scheidung verdeutlichen. Inwiefern das der Fall ist, zeigt eine Studie von Denise Polit, der Leiterin der US-amerikanischen, gemeinnützigen Forschungsstelle Humanalysis.[51] Polit befragte 110 Mütter, die vor weniger als drei Jahren geschieden worden waren, und deren Kinder. Sie wollte wissen, wie sie sich jetzt fühlten und wie sie den Alltag organisiert hatten.

Die Forscherin stellte fest, dass es Einzelkindern offensichtlich leichter fiel, sich nach der Scheidung an das neue Leben mit nur einem Elternteil zu gewöhnen, als Kindern mit Geschwistern. Eine erstaunliche Beobachtung, denn der »gesunde Menschenverstand« würde eher vermuten, dass Geschwisterkinder sich bei der Trennung der Eltern gegenseitig stützen und dass Einzelkinder im Nachteil sind, weil sie die Belastung mit niemandem teilen können.

Es zeigte sich jedoch, dass es fast einfacher ist, sich mit Freunden, die außerhalb der Familie stehen, zu verständigen, da diese, im Gegensatz zu Geschwistern, nicht Partei ergreifen. Oft ist bei Geschwistern das eine Kind eher Papas Liebling und das andere eher Mamas; diese Loyalitäten können bei Scheidung zu zusätzlichen Spannungen zwischen den Geschwistern führen. Einzelkinder waren unabhängiger und souveräner, sich in den neuen Familienverhältnissen zurechtzufinden.

Das könnte unter anderem damit zusammenhängen, dass Einzelkinder in der Regel gar nicht überbehütet werden, sondern tendenziell schon früh lernen, mit unterschiedlichen Betreuungsarrangements zurechtzukommen. Und zwar deshalb, weil sie überdurchschnittlich oft außerhalb der Kernfamilie, im Kinderladen, Hort, bei einer Tagesmutter oder bei befreundeten Familien betreut werden.[52]

Das hat Vor- und Nachteile für das Einzelkind. Zum einen lernt es, sich wie gesagt auf die unterschiedlichsten Menschen einzustellen. Zum andern kann es aber auch überfordert sein, wenn es an zu vielen Orten untergebracht wird. Besonders wenn die jeweiligen Bezugspersonen sich ihrerseits häufig verändern: die Kindergärtnerin aufhört, die Tagesmutter gewechselt werden muss, die Freunde durch Wegzug verloren gehen. In der Fachsprache ist in diesen Fällen von diskontinuierlichen Beziehungen die Rede – und Einzelkinder erleben überdurchschnittlich oft Beziehungen, die aus verschiedenen Gründen unterbrochen werden beziehungsweise abbrechen. Einen großen Anteil daran haben die Scheidungen der Eltern, von denen Einzelkinder häufiger als Geschwisterkinder betroffen sind.[53] – In all diesen Fällen erleben Einzelkinder also Beziehungen, die alles andere als überbehütend sind.

Einzelkinder sind im Gegenteil oft gefordert, Selbständigkeit zu entwickeln. Besonders ältere Eltern fördern ihr Einzelkind bewusst darin.[54] Da für sie das Kind gleichwertig neben anderen Werten steht, liegt vielen Einzelkindeltern daran, das Kind zur Selbständigkeit zu erziehen, damit es nicht am Rockzipfel hängt.

Die Vorstellung, dass Einzelkinder wegen der fehlenden Geschwister eher überbehütet werden, bewahrheitet sich im Durchschnitt also nicht. Das bestätigt auch eine koreanische Studie von Hyun und Falbo, bei der herauskam, dass Mütter von Einzelkindern nicht achtsamer oder überbehütender als Mütter von mehreren Kindern waren.[55] Sicher gab und gibt es immer ein paar Einzelkindeltern, die sich zu sehr auf ihr Ein und Alles fixieren. Doch dürften sie die Ausnahme sein. In der Mehrzahl der Fälle bewirkt die Geschwisterlosigkeit zwar durchaus eine stärkere Konzentration auf das eine Kind, doch nicht im einengenden Sinne, dass soziale Außenkontakte unmöglich gemacht würden. Die Einzelkinder fühlen sich als einzigartig, als etwas Besonderes im positiven Sinn, und lernen, mit vielen verschiedenen Personen zurechtzukommen.

Hintergrund
Wie viel Nähe tut den Einzelkindern gut?

Eines ist klar und gilt für fast alle Einzelkinder: Sie fühlen sich ihren Eltern sehr verbunden. Nun ist das kein Gefühl, das nur Einzelkindern eigen ist. Auch Geschwisterkinder erleben die Beziehung zu den Eltern in der überwiegenden Mehrheit als sehr positiv[56] – Gefühle der Nähe zu den Eltern scheinen eine kindliche Grundgestimmtheit zu sein.

Doch die Einzelkinder befinden sich in einer ganz speziellen Situation: Ihre Beziehung zur Mutter wird nie von einem nachfolgenden Geschwister relativiert. Sie werden nicht »entthront«, wie es der Individualpsychologe Alfred Adler bereits in den 1920er Jahren anschaulich formulierte. Adler betonte, dass diese Erfahrung der Entthronung Erstgeborene nachhaltig präge. »Ich habe (…) nachgewiesen, dass sich jedes erstgeborene Kind an seine eigenartige Situation anpasst, die keinem andern Kind derselben Familie zukommt. Es ist eine Zeitlang ein einziges Kind und wird nach einer Weile meist von einem andern Kind aus seiner Einzigkeit entthront. Was immer später im Leben solcher Erstgeborenen sich ereignet, sie folgen stets ›dem Gesetze, nach dem sie angetreten‹ sind. Wo immer sie stehen, werden sie immer mehr als die andern die Macht zu schätzen wissen und immer mehr die Entthronung fürchten.«[57]

So absolut, wie Adler dachte, wirkt sich die »Entthronung« durch nachfolgende Geschwister allerdings nicht aus. Zwar beeinflusst die Geburt eines Geschwisters vor allem die Sicherheit der Mutter-Erstgeborenen-Beziehung stark: In den ersten Monaten mit dem neuen Erdenbürger sinken die Interaktionen zwischen Mutter und Erstgeborenem auf ein Minimum; die Mutter spielt markant weniger mit dem Erstgeborenen, ärgert sich mehr über ihn und schimpft mehr. Die Erstgeborenen werden durch die Geburt eines Geschwisters wirklich »entthront«. Doch sind auch Geschwisterkinder im Normalfall in der Lage, diese Entthronung zu verkraften. Ein, zwei Jahre nach der Geburt des Geschwisters haben sie mit ihrem kleinen Bruder oder der Schwester mindestens so viel Umgang und Austausch wie mit ihren Müttern.[58] Sie gewöhnen sich daran, dass die Mutter nicht immer zur Verfügung steht und gewinnen an Autonomie.

Was passiert nun bei Einzelkindern, die von niemandem entthront werden? Sie müssen auf andere Weise ihre Selbständigkeit, ihr Verantwortungsgefühl und ein positives Konkurrenzdenken entwickeln, die Erstgeborene durch den Adlerschen »sozialen Schock« der Geburt des Geschwisters »frei Haus« geliefert bekommen.

Das klingt dramatischer als es ist. Jüngere Psychologinnen und Psychologen glauben nicht mehr an die alles prägenden ersten Lebensjahre, sondern sehen die Entwicklung von Individuen dynamischer und von zahlreichen Faktoren bestimmt. Das kommt Einzelkindern entgegen. Dank der veränderten gesellschaftlichen Betreuungsverhältnisse von Kindern befinden sich Einzelkinder oft schon im Kleinkindalter regelmäßig unter Gleichaltrigen und müssen sich mit diesen die Betreuungsperson teilen. Sie werden nicht von Geschwistern »entthront«, sondern von Gleichaltrigen.

Außerdem hat es nicht nur negative Auswirkungen, wenn Einzelkinder nicht durch nachfolgende Geschwister entthront werden, sondern auch positive. Die wohl wichtigste ist eine besonders enge Beziehung von Einzelkind und Eltern; diese hat häufig das Potenzial, ein Leben lang bestehen zu bleiben, wie die Wissenschaftlerin Nicole L. Rosenkranz, selbst ein Einzelkind, weiß: »Ich habe eine extrem enge Beziehung zu meinen Eltern, und ich weiß, dass diese enge Beziehung mein ganzes Leben beeinflusst. Daraus habe ich einerseits innere Stärke und Mut gewonnen, von denen ich in schwierigen Zeiten zehren kann. Andererseits kann meine tiefe Beziehung zu den Eltern manchmal auch zu Schuldgefühlen und Gefühlen der Traurigkeit führen; vor allem beim Abschiednehmen haben wir als Familie große Mühe.«[59]

Positiv ist eine enge Beziehung zwischen Eltern und Kind dann, wenn Mutter und Vater bereit und willens sind, die Interessen und Bedürfnisse ihres Kindes wahrzunehmen und sich darüber auszutauschen, hat das Kinderpanel des Deutschen Jugendinstituts 2005 herausgefunden: »Dass Eltern und Kinder miteinander reden bzw. die Kinder für sich die Überzeugung haben, dass ihre Perspektive interessiert und gehört wird innerhalb der Familie, ist eine notwendige Voraussetzung dafür, dass Eltern und Kinder eine gemeinsame Perspektive auf die (Familien-)Welt entwickeln können.«[60]

In Interviews[61] erzählen die meisten erwachsenen Einzelkinder genau davon: dass sie als Kind zufrieden waren, die einzigen Empfänger der elterlichen Aufmerksamkeit zu sein. Die Einzelkinder schätzten es, dass die Eltern ihnen nahe standen, sie in ihren Wünschen unterstützten und ihre Aktivitäten, von den Hausaufgaben bis zu den Hobbys, mit Interesse verfolgten. »Ich erhielt sehr, sehr viel Aufmerksamkeit. Meine Eltern verbrachten viel Zeit mit mir. Wofür auch immer ich mich interessierte, sie machten mit. Ich erhielt definitiv viel Aufmerksamkeit und Liebe«[62], sagt ein Einzelkind von sich. Die meisten Einzelkinder vermuten, dass ihre Beziehung zu den Eltern nicht so stark gewesen wäre, wenn sie Geschwister gehabt hätten.

Vor allem eine *gleichberechtigte* Beziehung zu den Eltern gibt Einzelkindern ein gutes Grundgefühl und bestärkt sie darin, ihren eigenen Weg zu gehen. Einzelkinder, die sich den Eltern freundschaftlich verbunden fühlen, profitieren am meisten von der außerordentlichen Nähe.

Problematischer haben es Einzelkinder, für die die Eltern autoritäre Respektspersonen sind. Sie leiden eher unter der uneingeschränkten Nähe zu Vater und Mutter und fühlen sich dazu gedrängt, Erfolg zu haben und herausragende Leistung zu erbringen. Sie sehen sich als »einzige Chance« ihrer Eltern und glauben, ihr Erfolg beziehungsweise Misserfolg wirke sich stark auf die Familie aus. »Der ganze Druck liegt auf dir«, formuliert es ein Einzelkind, »und es kommt viel Druck zusammen bei nur einem Kind.« Sobald in einer Familie mehrere Kinder leben, besteht eher die Chance, dass eines davon den Eltern Genüge tut und Arzt oder Rechtsanwalt wird, wie es sich die Eltern erhoffen. Einem einzigen Kind kann es sehr schwerfallen, die eigenen Wünsche an das Leben gegen die Erwartungen der Eltern durchzusetzen: »Mein Vater drängte mich dazu, im College Musikstunden zu belegen. Es war wirklich hart für mich, ihm zu sagen, dass ich das nicht wollte, weil ich spürte, wie sehr er es sich wünschte. Ich spüre einen starken Anspruch des Vaters und fühle mich schlecht, wenn ich diesem nicht nachlebe. Ich habe das Gefühl, ich müsste ihm zuliebe gewisse Dinge tun.«[63]

Für Einzelkinder mit einer eher mittelmäßigen Beziehung zu den Eltern kann der außergewöhnlich enge Bezug zu Vater und Mutter noch andere negative Auswirkungen haben. Eine davon ist die Tendenz, von anderen Leuten die gleiche Aufmerksamkeit zu erwarten wie von den Eltern. Ein männliches Einzelkind erzählte, er sei zwar nicht materiell, jedoch mit Aufmerksamkeit verwöhnt worden. So sei er selbst jetzt, als junger Erwachsener, überhaupt nicht gerne zu dritt, weil er dann nicht im Fokus des Interesses stehe.

Andere Einzelkinder erzählten, dass sie es am liebsten hätten, wenn sie die Dinge auf ihre eigene Art machen konnten, und dass sie Situationen und Leute tendenziell kontrollieren möchten. Die »Führernaturen« fühlten sich deswegen selbstsüchtig und nicht besonders gut, vor allem wenn in der Gruppe noch andere den gleichen Anspruch erhoben. Es fiel ihnen dann schwer, andere als Anführer zu akzeptieren und die eigene Vorstellung, wie die Dinge getan werden sollten, hintanzusetzen.

Eine andere Herausforderung für Einzelkinder, die tendenziell eine ambivalente Beziehung zu den Eltern haben, ist das Übernehmen von Verantwortung. Vor allem wenn die Eltern ihrem Kind stets alles abgenommen haben, ihm stets »zu Diensten« waren und ihm keine »Ämtchen« übertrugen, kostet es Mühe, sich selbst für etwas verantwortlich zu fühlen oder dafür zu sorgen, dass etwas erledigt wird. (Doch gilt das für Geschwisterkinder genauso.)

Die geschilderten Studienergebnisse von Lisen C. Roberts und Priscilla White Blanton legen den Schluss nahe, dass ein Gefühl von besonderer Nähe zu den Eltern, von Verbundenheit und Freundschaft den Einzelkindern nicht schadet. Im Gegenteil scheinen diese positiven Gefühle eine emotionale Basis zu bilden, die im Erwachsenenalter Sicherheit und Selbstvertrauen gibt. Fehlende Nähe oder eine Beziehung zu autoritären Eltern hingegen sind mit Stress verbunden und mit der Unsicherheit, wie man am besten für sich selbst einsteht. Diese Unsicherheit kann sich verschieden äußern: zum Beispiel, dass die Einzelkinder mehr den Ansprüchen der Eltern als den eigenen genügen wollen; oder dass sich Einzelkinder scheuen, Verantwortung zu übernehmen; gelegentlich auch, dass ihnen unwohl ist, wenn andere das Zepter in der Hand haben und sagen, wo es langgeht.

Vorurteil 3
Einzelkinder sind intellektuell

In der Vorstellung der Menschen mit Vorurteilen sind Einzelkinder in ihrer Freizeit dauernd am Lesen oder an anderen intellektuell anspruchsvollen Tätigkeiten, treiben keinen Sport und scheuen Gruppenaktivitäten. Diese Vorstellung verdreht eine positive wissenschaftliche Erkenntnis ins Negative: Es gibt einige Studien, die zeigen, dass Einzelkinder in ihren kognitiven Leistungen besser abschneiden als alle andern. Sie sind sogar besser als ihre größten »Kontrahenten«, Kinder mit *einem* Geschwister, und signifikant besser als Kinder mit vier und mehr Geschwistern.[64]

Erklärt werden die herausragenden kognitiven Fähigkeiten von Einzelkindern damit, dass diese die ungeteilte Aufmerksamkeit der Eltern erhalten. Bei ihnen funkt kein jüngeres Geschwister dazwischen, wenn sich Mama oder Papa ihnen zuwendet.

Anders ist es in Familien mit vielen Kindern, wo über sieben und mehr Jahre hinweg immer wieder Nachwuchs zur Welt kommt, was sich negativ auf das Intelligenzniveau der Gesamtfamilie auswirkt. Die Eltern und die älteren Geschwister passen sich intellektuell nach unten an, sprechen Babysprache und finden keine Zeit für anspruchsvolle Diskussionen. Der durchschnittliche Intelligenzquotient der Familie fällt mit jedem Neugeborenen. – Diese Theorie wurde als »Konfluenz-Modell« bekannt; sie stammt vom Psychologen Robert Zajonc[65] und seinen Mitarbeitern der Universität Michigan.

Die Forscher entwickelten eine mathematische Gleichung, nach der sich der Intelligenzquotient einer Familie berechnen lässt: IQ der Mutter plus IQ des Vaters plus IQ der Kinder geteilt durch alle Familienmitglieder gleich

Familien-IQ. Eine vierköpfige Familie mit einem Neugeborenen (IQ von 0) und einem Kleinkind (IQ von 15) hätte gemäß dem Konfluenz-Modell folgende Familienintelligenz: $100 + 100 + 15 + 0 = 215 : 4 =$ Familien-IQ von rund 54 – also die Hälfte des Quotienten eines einzelnen Erwachsenen. Eine Familie mit einem Einzelkind im Kleinkindalter hingegen startet bereits mit einem höheren IQ von gut 71 ($100 + 100 + 15 = 215 : 3 = 71$). Weil bei Einzelkindern keine Geschwister nachfolgen, die den Familien-IQ drücken, erreichen Ein-Kind-Familien schon nach wenigen Jahren einen respektablen Familien-IQ, so lautet die Theorie. Damit wurde früher erklärt, weshalb Einzelkinder in vielen Studien kognitiv besser abschnitten als Kinder aus größeren Familien.

Die Enttäuschung war jedoch groß, als Einzelkinder in einer umfassenden holländischen Studie mit über 400 000 Teilnehmern im Jahre 1973 leicht schlechter abschnitten als Erstgeborene aus Vier-Kind-Familien und als die Jüngsten aus Zwei-Kind-Familien.[66] Mit dem Konfluenz-Modell konnte dieses schlechte Resultat nicht erklärt werden.

Das negative Abschneiden von Einzelkindern irritierte die Forscher. Eine neue Theorie musste gefunden werden, die erklären konnte, weshalb Einzelkinder nicht *immer* besser als andere abschnitten. Zajonc und seine Mitarbeiter glaubten des Rätsels Lösung mit dem sogenannten »Tutor-Effekt« gefunden zu haben. Unter dem Tutor-Effekt verstanden sie den Umstand, dass Erstgeborene mit Geschwistern in ihrer kognitiven Entwicklung davon profitieren, die Jüngeren etwas zu lehren. Weil Einzelkinder kein jüngeres Geschwister haben, dem sie etwas beibringen können, fehle ihnen der Lerneffekt, den das Lehren auf die Erstgeborenen ausübt. Einzelkinder seien niemandes Lehrer (englisch: tutor), dadurch würden sie intellektuell weniger vorankommen als Erstgeborene. So könne das mittelprächtige kognitive Abschneiden von Einzelkindern in der holländischen Belmont-Marolla-Studie erklärt werden, in der 400 000 junge Männer, geboren zwischen 1944 und 1947, daraufhin getestet wurden, ob die Größe ihrer Familie und die Stellung in der Geschwisterreihe mit ihrer Intelligenz zusammenhingen.

Doch schon bald kamen Zweifel an der Wirksamkeit des Tutor-Effekts auf. Eine andere umfangreiche Studie aus den 1970er Jahren mit ebenfalls 400 000 Teilnehmerinnen und Teilnehmern widerlegte die Theorie, dass Einzelkinder im Hintertreffen seien, weil sie keine jüngeren Geschwister hätten, denen sie etwas beibringen könnten. Die Studie griff die kognitive Leistung jener 3331 jungen Leute heraus, die keine oder nur ein Geschwister hatten, und verglich sie miteinander.[67] Die kognitive Leistung der jungen Oberschüler wurde breit untersucht, darunter fielen Kreativität, Abstraktionsvermögen, mechanische Überlegungen, Mathematik, Englisch, Leseverständnis, allgemeine und spezifische Informationen und der Intelligenzquotient. Die untersuchten Einzelkinder waren in 25 Punkten von insgesamt 32 möglichen Punkten besser, in 4 Aspekten gleich und bei 3 Themen schlechter als Oberschüler mit einem Geschwister. – Ein glänzendes Resultat der Einzelkinder, das gegen den Tutor-Effekt und für das Konfluenz-Modell sprach.

Es machte die Verwirrung der Forscher komplett. Offensichtlich stimmte etwas nicht in ihren Modellen. Sonst hätten Einzelkinder immer besser oder immer schlechter abschneiden müssen. Das war aber nicht der Fall. Einmal waren Einzelkinder kognitiv die Besten, einmal bewegten sie sich im Mittelfeld, die Schlechtesten waren sie jedoch nie. In den 1970er Jahren brach ein regelrechtes Forschungsfieber aus; in Dutzenden von Studien wollten die

Forschenden herausfinden, welcher Geburtsrang *(birth order)* sich am besten entwickelt. Waren die Erstgeborenen gescheiter als die Zweitgeborenen, und wie schnitten die Mittleren und die Letztgeborenen ab? Einzelkinder standen dabei nicht im Zentrum des Interesses, vielmehr wurde die Bedeutung der Familiengröße und des Geburtsrangs auf die Entwicklung der Intelligenz erforscht. Ergebnisse zu Einzelkindern waren ein »Nebenprodukt« dieser intensiv betriebenen Birth-order-Forschung.

Die Resultate blieben widersprüchlich und machten klar, dass neue Theorien entwickelt werden mussten. Schon die ersten beiden Einzelkindstudien widersprechen sich diametral. 1898 hieß es, der Schulerfolg von Einzelkindern sei unterdurchschnittlich. Die nächste Studie von Norman Fenton 1928 zum Thema Intelligenz kam gerade zum gegenteiligen Schluss. In seiner Untersuchung von Schulkindern und Universitätsstudenten schnitten 27 von 30 Einzelkindern »über der Durchschnittsintelligenz« ab.[68]

Als fundamentale Birth-order-Kritiker profilierten sich die Schweizer Psychiater Cécile Ernst und Jules Angst.[69] Die beiden Ärzte sichteten Anfang der 1980er Jahre zahlreiche Untersuchungen zur Bedeutung des Geburtsrangs und beobachteten dabei, dass der IQ von Einzelkindern je nach sozialer Schicht besser oder schlechter ausfiel.

Solange Intelligenzstudien den sozialen Hintergrund der Einzelkinder nicht berücksichtigten, so die Autoren Ernst und Angst, könne die Frage, ob Einzelkinder oder Geschwisterkinder intelligenter seien, nicht beantwortet werden. Ihre Metastudie zeigte aber klar, dass die Bedeutung von Geschwistern für die Entwicklung der kindlichen Intelligenz stark überschätzt wurde. Andere Faktoren, vor allem die sozioökonomische Situation der Familie, sind viel prägender als Geschwister.

Angst führte 1971 eine eigene repräsentative Studie

mit 6315 männlichen 19-Jährigen und 1381 weiblichen 20-Jährigen durch. Sie belegt, dass der berufliche Status des Vaters den Schulerfolg am meisten beeinflusst; ein intaktes Zuhause und ein freundlicher, aber bestimmter Erziehungsstil beeinflussten den akademischen Abschluss ebenfalls günstig. In Angsts Untersuchung erreichten Einzelkinder den gleichen Schulabschluss wie Erstgeborene; männliche Einzelkinder gar einen leicht besseren als Geschwisterkinder.

Eine positive Intelligenzentwicklung ist so gut wie gar nicht auf den Einfluss von Geschwistern zurückzuführen, lautete der zentrale Befund von Ernst und Angst und von anderen Birth-order-Kritikern. Auch bei den erwähnten beiden großen Studien aus den 1970er Jahren, aus Holland und aus den USA, liege die Ursache für die gegenteiligen Resultate nicht im Faktor Geschwisterlosigkeit, sondern in sozioökonomischen Gründen:

Die 400 000 holländischen Rekruten, die in der Belmont-Marolla-Studie untersucht worden waren, waren gegen Ende des Zweiten Weltkrieges geboren. Damals herrschte in den Niederlanden mehrere Jahre lang eine schlimme Hungersnot, während der die Fruchtbarkeit der Paare stark abnahm. Oft hatten Familien nur ein einziges oder wenige Kinder – weil Vater oder Mutter starben, krank wurden oder weil die Mutter ihre Kinder vor oder kurz nach der Geburt verlor. Jene Kinder, die überlebten, blieben häufig ohne Geschwister zurück, und litten in ihren ersten Lebensjahren ebenfalls Hunger. Es ist bekannt, dass Hunger die geistige Entwicklung beeinträchtigt. Unterernährung in jungen Jahren ist der Grund, weshalb die holländischen Rekruten der Jahrgänge 1944 bis 1947 in den Intelligenztests schlechter abschlossen.[70]

Wie steht es mit den intelligenten amerikanischen Oberschülern ohne Geschwister? Auch bei ihnen spielte die Geschwisterlosigkeit keine entscheidende Rolle. Der Faktor, der den positiven Ausschlag gab, war die Tatsache, dass alle untersuchten Schüler aus *intakten Familien* stammten. Scheidungskinder waren bewusst aus der Studie ausgeschlossen worden, um zu untersuchen, welchen Einfluss Scheidung auf die intellektuelle Leistung der Schüler hatte. Es zeigte sich, dass Scheidung der Eltern tatsächlich die kognitive Leistung von Einzelkindern stark beeinträchtigt. Der Stress, die familiären Konflikte und Umstellungen, die die Trennung von Vater und Mutter mit sich ziehen, mindern die Aufmerksamkeit und Zuwendung, die den Einzelkindern in intakten Familien entgegengebracht werden und deren intellektuelles Niveau fördern. Dabei muss berücksichtigt werden, dass Einzelkinder überdurchschnittlich häufig von Scheidung der Eltern betroffen sind. Und – könnte man mit den Psychiatern Cécile Ernst und Jules Angst und mit der Psychologin Toni Falbo anfügen – in Scheidungsfamilien fehlt den Einzelkindern der intelligenzfördernde Einfluss des Vaters, der meist den Familienhaushalt verlassen hat und sein Kind merklich seltener sieht.

Sowohl Tutor-Effekt als auch Konfluenzmodell taugen also nur beschränkt zur Erklärung der Intelligenzentwicklung bei Kindern. Beide Theorien fokussieren zu stark auf den Faktor Geschwister beziehungsweise Geschwisterlosigkeit und lassen die wahren Gründe außer acht: Hunger, Scheidung der Eltern, Abwesenheit des Vaters – *das* waren lange Zeit die wichtigsten Ursachen, weshalb Einzelkinder intellektuell weniger gut abschnitten, als sie unter optimalen Bedingungen gekonnt hätten.

Die frühen Intelligenzstudien zeigen anschaulich, wie unbrauchbar Forschungsresultate sind, die nur die Variable Geschwister untersuchen und andere Variablen nicht berücksichtigen. Der Fehler der frühen Forscher, den Faktor Geschwister allein für die Intelligenzentwicklung von Kindern verantwortlich zu machen, führte zu fatalen Fehlinterpretationen. Ein gutes Beispiel dafür, dass die Studiengröße allein noch nicht zu »richtigen« Resultaten führt, ist eine fast 800 000 Teilnehmer umfassende Studie (an den National Merit Scholarship Qualifying Tests 1965). Sie berücksichtigte keinerlei Hintergrundvariablen, weder Rasse, Familienverhältnisse noch Bildungsniveau der Eltern. Einzelkinder mit geschiedenen Eltern waren in der untersuchten Gruppe überrepräsentiert, auch waren überproportional viele schwarz; damit erklärt die Wissenschaftlerin Judith Blake das schlechtere Abschneiden von Einzelkindern in dieser Mammutstudie.[71]

Heute gilt Intelligenz als weitgehend *angeborene* Eigenschaft, die jedoch durch eine gute *Bildung der Eltern*[72] stärker zum Tragen kommt. Dabei wird Bildung nicht isoliert betrachtet. Sie hat verschiedene positive Aspekte; sie wirkt sich positiv auf das Selbstbewusstsein aus, fördert eigenständige Entscheidungen, ermöglicht das Ergreifen eines prestigeträchtigen Berufs, bringt meist mehr Einkommen, einen höheren sozialen Status und ermöglicht dem eigenen Nachwuchs bessere Bildungschancen.

Bei diesen Zusammenhängen scheint es sich um »weltumspannende« Phänomene zu handeln. Auch in China schneiden Einzelkinder mit gebildeten Eltern besser ab als diejenigen mit weniger gebildeten Eltern.[73] Im Osten wie im Westen sind kleine Familien mit wenigen Kindern, inklusive Kleinstfamilien mit *einem* Kind, besser in der Lage, dem Nachwuchs eine gute Ausbildung zu ermöglichen. Die intellektuellen Fähigkeiten von Kindern aus kleinen Familien und von Einzelkindern waren im Allgemeinen besser als jene aus großen Familien. Im Durchschnitt gingen Kinder aus kleinen Familien zwei Jahre länger zur

Schule bzw. waren zwei Jahre länger in Ausbildung als Kinder aus großen Familien. Der größte Unterschied zwischen Kindern aus großen Familien bzw. kleinen Familien bestand darin, die Highschool *abzuschließen*. Kinder aus großen Familien schafften es zwar an die Highschool, aber nur die Motiviertesten und Intelligentesten schlossen sie auch ab.[74]

Ob eher die Bildung der Mutter oder jene des Vaters ausschlaggebend ist, ist unklar. Eventuell hat sich der Einfluss in den letzten Jahren, seit vermehrt auch Mütter die Ernährerrolle übernehmen, vom Vater auf die Mutter verschoben. In den 1970er Jahren kam es noch klar auf die Bildung des Vaters an: Die Chancen von Jugendlichen, das Gymnasium abzuschließen, hingen stark vom Ausbildungsniveau des Vaters ab (und von der Anzahl Geschwister – je kleiner sie war, desto besser).

Neben Vater und Mutter fördern aber auch frühkindliche Institutionen wie der Kindergarten oder regelmäßige Spielgruppen die intellektuelle Entwicklung von Kindern. Das lässt sich in China beobachten. Auch dort zeigte sich als Tendenz, dass Einzelkinder eher bessere schulische Fähigkeiten aufwiesen: »Die Studien deuten an, dass es möglicherweise erstrebenswerte Auswirkungen auf die schulische Leistung von Kindern hat, wenn sie ohne Geschwister aufwachsen.«[75]

Doch galt das nur für Einzelkinder in Städten. Bei Einzelkindern in ländlichen Gebieten fand man diesen Vorsprung nicht.[76] Dies lag daran, dass sie weniger von der Förderung im Kindergarten profitierten. Auf dem Land gingen nur fünfzig Prozent der Kinder in den Kindergarten, in den chinesischen Städten siebzig Prozent.

Was fördert darüber hinaus die Intelligenz von Einzelkindern? Die enge Beziehung zu den Eltern und die oft hohen Erwartungen der Eltern an ihr einziges Kind. Im positiven Fall, der über Jahrzehnte immer wieder beobachtet werden konnte, reagieren die Einzelkinder auf die elterlichen Erwartungen mit einer großen Bereitschaft, Leistung zu erbringen. Dass Einzelkinder die höchste Leistungsmotivation haben, wurde mehrfach bestätigt, zum Beispiel von Jing und Kollegen, die die psychologischen Studien in China in den letzten zwanzig Jahren kritisch durchsahen.[77] Selbst in frühen Untersuchungen, die zwischen 1926 und 1985 durchgeführt wurden, zeigten Einzelkinder unterschiedlichsten Alters eine signifikant bessere Leistungsmotivation. Besonders motiviert, Leistung zu erbringen, waren jugendliche Einzelkinder. Das fanden 1987 die Psychologinnen Denise Polit, Leiterin des Instituts Humananalysis in Saratoga Springs bei New York, und Toni Falbo, Professorin für Erziehungspsychologie an der Universität von Austin in Texas, heraus. Sie hatten sich die Mühe gemacht, sämtliche Einzelkind-relevanten Studien der vergangenen sechzig Jahre kritisch zu begutachten.

Herausragende Leistungen erbrachten Einzelkinder insbesondere auf dem Gebiet der Sprache. Auch hier liegt der Grund dafür in der engen Beziehung der Einzelkinder zu den Eltern. Kinder können sich verbal besser ausdrücken, wenn die Eltern häufig mit ihnen interagieren. Das ist in kleinen Familien eher der Fall. Wer sprachlich gewandt ist und auch kompliziertere Sachverhalte versteht, verfügt wiederum über gute Voraussetzungen für herausragende Leistungen auch in anderen schulischen Fächern.[78]

Abschließend lässt sich sagen, dass Einzelkinder aus intakten Familien, die weder von Hungersnot noch von wirtschaftlicher Misere heimgesucht werden, die eine positive Beziehung zu den Eltern haben und weder krank noch behindert sind, in der Regel eine überdurchschnittliche Intelligenz entwickeln. Die aufgezählten Einschränkungen zeigen, dass nicht die Geschwisterlosigkeit der zentrale Punkt ist, ob sich ein Einzelkind kognitiv so erfreulich entfaltet, wie es aufgrund seiner Anlage könnte. Intelligenzfördernd wirkt die sozioökonomische und familiäre Situation, in der es groß wird. Läuft in Ein-Kind-Familien alles gut, so sind Einzelkinder im Durchschnitt zwei Jahre länger in der Ausbildung, schließen das Gymnasium eher mit Abitur ab und können sich verbal besser ausdrücken.

Am schwierigsten ist akademischer Erfolg für die mittleren Kinder aus Familien mit mehr als fünf Kindern zu erreichen. Die Mittleren erfahren sämtliche Nachteile der Großfamilie: Mit dem älteren Geschwister müssen sie um die elterlichen Ressourcen konkurrieren, und wegen der nachfolgenden jüngeren Geschwister, die die Aufmerksamkeit der Eltern beanspruchen, erhalten sie die wichtigen ersten Jahre hindurch von Vater und Mutter wenig Zuwendung und Förderung.»Der starke [positive] Effekt, den die [kleine] Geschwisterzahl [von eins bis drei Kindern] auf den Intelligenzquotienten hat, ist eindrücklich«, fasst die Soziologin Judith Blake ihre Analyse repräsentativer Daten zusammen.[79]

Hintergrund
Starke Elternbindung – positive Auswirkungen

Die klarste positive Auswirkung der engen Bindung zu den Eltern ist die kognitive Stärke, die Einzelkinder und Erstgeborene entwickeln. Dies zeigt sich vor allem in einer überdurchschnittlichen sprachlichen Fertigkeit von Einzelkindern. Die Geschwisterlosigkeit wirkt sich in diesem Fall noch verstärkend aus: Einzelkinder haben keine Möglichkeit, mit Geschwistern einen für andere unverständlichen, persönlichen »Geheimcode« zu entwickeln, wie das Geschwisterkinder gelegentlich tun. Sie müssen sich zu Hause den deutlich Älteren verständlich machen.

Ein weiterer positiver Effekt der engen Elternbindung zeigt sich darin, dass sich einige Einzelkinder noch als Erwachsene ihren Eltern freundschaftlich verbunden fühlen. Für sie sind die Eltern keine Autoritätspersonen, sondern so vertraut wie gute Freunde. Der »King of Rock 'n' Roll« Elvis Presley, der ein Einzelkind blieb, nachdem sein Zwillingsbruder bei der Geburt starb, beschrieb seine freundschaftliche Beziehung zur Mutter so: »Meine Mutter – ich vermute, da ich ein Einzelkind war, waren wir einander etwas näher – ich meine, jeder liebt seine Mutter, aber ich war ein Einzelkind, und als ich sie verlor, verlor ich nicht nur eine Mutter, sondern eine Freundin, eine Kameradin, einen Menschen, mit dem ich reden konnte. Ich konnte sie mitten in der Nacht wecken, wenn ich Sorgen oder Probleme hatte, und sie stand auf und versuchte, mir zu helfen.«[80]

Die starke Eltern-Kind-Beziehung weist eine lange Tradition auf, das belegt eine Beobachtung aus dem Jahre 1898: Schon damals nannten Eltern und Lehrerinnen als besten Charakterzug des Einzelkindes dessen Zuneigung und Warmherzigkeit.[81] Diese Nennung fällt umso mehr ins Gewicht, als es vor 110 Jahren die einzig positive zur Persönlichkeit von Einzelkindern war.

Auch die Einzelkinder selbst schätzen die starke Bindung zu den Eltern positiv ein. Diese erlaube ihnen, schon in jungen Jahren mehr Reife als Geschwisterkinder und ein gutes Verhältnis zu Erwachsenen zu entwickeln.[82]

Die starke Bindung zu den Eltern bringt es auch häufig mit sich, dass sich Einzelkinder mit ihren Eltern und deren Ansprüchen und Leistungsstandards identifizieren.[83] Einzelkinder erzielen im Durchschnitt einen besseren Schulabschluss, ergreifen einen prestigereichen Beruf[84] und bringen es auch sonst weit im Leben. Man findet sie unter wichtigen Persönlichkeiten[85] einer Zeitepoche, zum Beispiel unter den ersten amerikanischen Astronauten, und sie werden ab und zu so berühmt, dass sie es auf das Titelblatt der »Time«[86] schaffen. Auch als Erklärung für ihren Erfolg wird meist die enge, positive Beziehung zu den Eltern herbeigezogen und die hohen elterlichen Erwartungen, die die Einzelkinder akzeptieren und zu erfüllen versuchen. Vater und Mutter sind für viele Einzelkinder Vorbilder, mit denen sie sich identifizieren, während sich Geschwisterkinder eher Gleichaltrige als Vorbilder wählen.[87]

Viele erwähnen als Vorteil, den ihr Einzelkinddasein und die enge Bindung zu den Eltern mit sich bringt, auch die bessere finanzielle Situation, in der die Familie lebt. Bis in die 1970er Jahre gönnten die Eltern von *einem* Kind ihrem Nachwuchs im Vergleich zu den damals noch verbreiteten Großfamilien mehr Freizeitvergnügen oder Ferien im Ausland. Heute sind diese Privilegien Allgemeingut geworden. Gelegentlich hat sich die Situation gar umgekehrt: Da auch heute *ein* Kind natürlich weniger kostet als zwei oder mehr, leisten sich seit kürzerem vor allem besser gestellte Eltern den Luxus einer großen Familie, während weniger begüterte Eltern es bei *einem* Kind bewenden lassen. Die begüterten Familien können ihren vielen Kindern genauso viel oder gar mehr zukommen lassen als wenig begüterte Ein-Kind-Familien, deren Anteil zugenommen hat.

Zusammenfassend lässt sich sagen, dass diejenigen Einzelkinder, die ihre enge Beziehung zu den Eltern positiv fanden, im späteren Leben davon profitierten. Sie kannten kaum Autoritätsprobleme und fühlten sich in der Gesellschaft von Älteren – und damit auch von Vorgesetzten – wohl.[88] Kinder mit einer guten Beziehung zu den Eltern hatten auch eher das Gefühl, in der Schule beliebt und anerkannt zu sein.[89] Von diesen guten Startbedingungen profitierten Einzelkinder in den entscheidenden Momenten ihres Werdegangs: zunächst in der Schule, dann beim Einstieg in die Berufswelt, von wo aus sie – denkt man an die Einzelkind-Astronauten – häufig erfolgreich durchstarteten.

Vorurteil 4
Einzelkinder sind verwöhnt

Verwöhnt werden heute so viele Kinder, dass das Thema Verwöhnung eher ein Massenphänomen der Ersten Welt als ein spezifisches Merkmal von Einzelkindern ist. Verwöhnung ist kein klar definierter Begriff. www.familienhandbuch.de umschreibt ihn als 1. Falsches Helfen: Eltern übernehmen die vom Kind selbst zu erlernenden Funktionen. 2. Fehlende Begrenzung: Eltern kapitulieren vor den Aktionen der Kinder. 3. Ausbleibende Herausforderung: Eltern verhindern eine mutmachende Entwicklung.[90]

Im Westen gehört das Verwöhnen schon fast zum guten Ton. Wer über das nötige Einkommen verfügt, hat seine Kinder mit ausreichender Ware in bester Qualität zu versorgen. Wer weniger gut betucht ist, spart meist beim Material (Plastik statt Holz) und nicht bei der Menge. Karge Kinderzimmer trifft man so gut wie nie an. Die meisten Spielzimmer sehen eher wie eine Filiale eines Spielwarengeschäfts aus. Die anthroposophische Ansicht, dass sich Kinder mit wenigen, naturnahen Materialien ihre Spiele selbst erfinden, konnte sich in den wenigsten Familien durchsetzen. Die meisten Eltern setzen auf die Menge. Vielleicht steckt dahinter unbewusst die Befürchtung, das

Kind nicht früh genug zu fördern. Lieber zu viel als zu wenig, lautet deshalb die Devise.

Dennoch gelten Einzelkinder als besonders verwöhnt. Insbesondere in China, für dessen Bevölkerung Verwöhnung ein neues Phänomen ist, mit dem sie sich auseinandersetzen muss. Nachdem die Regierung dort 1979 mehr oder weniger über Nacht die Ein-Kind-Doktrin eingesetzt hatte, meldeten sich bald einmal kritische Stimmen, die befürchteten, Einzelkinder würden den Charakter des chinesischen Volkes ruinieren. Die Kritiker schilderten anschaulich, dass Einzelkinder in ihren Familien wie die Sonne seien, um die sich Eltern und Großeltern wie Planeten drehten. Das verderbe die Kinder, sie würden zu verwöhnten kleinen Kaisern. »Little emperor« wurde zu einem geläufigen Begriff für Einzelkinder und ist es bis heute geblieben.[91]

Als Antwort auf die Befürchtungen wurden in China zahlreiche Studien lanciert. Sie sollten herausfinden, ob Einzelkinder tatsächlich einen »schlechteren« Charakter haben als Geschwisterkinder.

Der Charakter war jedoch das kleinere Problem. Die Verwöhnung hat vielmehr einen politischen Hintergrund: Die staatlich verordneten Einzelkinder sollen als Erwachsene nämlich alle einen gut bezahlten Führungsposten ergattern. Zum einen, um ihren sozial ungesicherten Eltern den Lebensabend zu finanzieren. Zum andern, um China aus der Dritten Welt in die Erste Welt zu führen.[92] In der industriellen Welt sind jedoch gewisse »Annehmlichkeiten« zum Standard geworden, die die Jugend in China nun auch für sich beansprucht: ein eigenes Zimmer zum Beispiel oder Statussymbole wie Markenkleidung, die neueste Unterhaltungselektronik und teure Freizeitvergnügen. Für die ältere Generation in China bedeutet der westliche Lifestyle jedoch eine völlige Umkehrung der Familienwerte, die in der eigenen Jugend noch hochgehalten wurden. Oft geht damit auch eine finanzielle Überforderung einher.

Nicht selten geben chinesische Eltern alles, damit ihr Einzelkind eine qualitativ hochwertige Ausbildung erhält. Die eigenen Bedürfnisse stellen sie dabei völlig in den Hintergrund. Es kommt sogar vor, dass sich Mütter so weit aufopfern, dass sie medizinische Eingriffe verschieben, um bei wichtigen Prüfungen ihres Kindes vor der Schule warten zu können und sofort zu erfahren, wie sie verlaufen sind.

Sich einfügen und anderen dienen, das sind Tugenden, die in China von einer Generation zur nächsten zumindest in den Städten auf den zweiten Platz verwiesen wurden. Ein Erziehungsstil, der Zuckerbrot und Peitsche kombiniert, ist auf den ersten Platz vorgerückt – das Zuckerbrot ist dabei der Sonderstatus, Verwöhnung inbegriffen, von Einzelkindern; gepeitscht wird in Richtung der neuen Tugenden Zielstrebigkeit und Erfolgsorientiertheit.

Der Vorwurf an die Jugend in China, sie sei verwöhnt, ist weitgehend hausgemacht, schreibt die Harvard-Doktorandin Vanessa Fong: »Die chinesischen Politiker haben die Ein-Kind-Doktrin eingeführt, um eine Generation von ›high quality people‹ [Hochqualifizierten] zu kreieren, die über genügend Ressourcen und Ambitionen verfügen, um China im kapitalistischen Weltsystem wettbewerbsfähig zu machen. Geboren und aufgezogen, um Teil der Ersten Welt zu werden, waren die Teenager, die ich im städtischen Dalian kennenlernte, frustriert über die tiefen Löhne ihrer Eltern und die beschränkten Ausbildungsmöglichkeiten und Berufschancen, die ihnen zur Verfügung standen, um den Lebensstil der Ersten Welt zu erreichen. (...) Die ›verwöhnte Jugend‹ ist nun zwar weltweit ein verbreiteter Grund zur Sorge, in China wird das Problem aber besonders heftig empfunden, weil der Geburtenrückgang durch die Ein-Kind-Politik so extrem schnell und so radikal vonstatten ging.«[93]

Selbst um die physischen Auswirkungen von Verwöhnung sorgte man sich in China Anfang der 1990er Jahre.[94] Konkret heißt das, ob Einzelkinder dicker sind als die anderen. Die etwas eigenartig anmutende Befürchtung hatte ebenfalls einen politischen Hintergrund: Eltern, die sich auf *ein* Kind beschränkten, erhielten vom Staat verschiedene Privilegien und eine finanzielle Belohnung (während Eltern mit mehreren Kindern bestraft wurden). Man befürchtete nun, dass das Kindergeld in Nahrung investiert werde – Nahrung, die vor allem das Einzelkind verdrückt.

Die Einzelkindspezialistin Toni Falbo untersuchte diese Befürchtungen in einer Studie. Mit je nach Provinz unterschiedlichen Resultaten: In den Provinzen Hunan und Peking waren Einzelkinder größer oder wogen mehr als die anderen; interessanterweise aber nie beides zusammen. In Hunan wogen Einzelkinder signifikant mehr als andere, in Peking waren sie größer. Die Befürchtung kulinarischer Verwöhnung von Einzelkindern bestätigte sich also, zumindest teilweise. Die Studie konnte nämlich nicht erklären, weshalb in den beiden anderen untersuchten chinesischen Provinzen, wo Ein-Kind-Eltern ebenfalls einen finanziellen Bonus erhielten, Einzelkinder gleich groß und gleich schwer wie Geschwisterkinder waren.[95]

Ähnlich widersprüchliche Resultate findet man für die USA und für Europa: In den USA wogen Einzelkinder Anfang der 1980er Jahre gleich viel wie die anderen[96], in Europa hingegen waren sie eher dicker[97]. Eine neue Studie führt die unterschiedlichen Resultate auf statistische Mängel zurück: Werden die Besonderheiten des Haushalts und der Gemeinden statistisch berücksichtigt, fallen die Gewichtsunterschiede weg.[98]

Man sieht, die Kombination von Verwöhnen und Essen

ist gar nicht so simpel, wie man auf den ersten Blick meinen könnte. Manchmal sind verwöhnte Essgewohnheiten sogar gekoppelt mit einem ernsthaft gestörten Sozialverhalten:

In Japan beobachtet man seit kürzerem das Hikikomori-Phänomen, bei dem sich vorzugsweise männliche Jugendliche in ihr Zimmer bei den Eltern zurückziehen und jeden Kontakt mit der Außenwelt abbrechen. Davon betroffen sind nicht ausschließlich, aber auch Einzelkinder, schreibt die »Neue Zürcher Zeitung«[99]. Beweise dafür, dass diese Art der Unangepasstheit eine Folge der verminderten Familiengröße ist, gibt es zwar nicht, doch wird auch in Japan die wachsende Zahl von Einzelkindern mit Sorge betrachtet.

Nun ziehen sich die Hikikomori zwar gänzlich aus Schule, Ausbildung, Beruf und Beziehungen zurück – das Essen, das es zu Hause gibt, nehmen sie jedoch zu sich. Im Fall der Hikikomori kann man sich deshalb fragen, ob die Eltern mit ihrem Nahrungsangebot den sozialen Rückzug des Kindes nicht erst ermöglichen und insofern mit verantworten – und ob sie ihren Nachwuchs zu duldsam erzogen haben.

Verwöhnende Erziehung, die psychosozialen Schaden anrichtet, ist kein neues Phänomen. Schon für die ersten Einzelkindforscher war sie ein Thema. »Spoiled«, verwöhnt, ist schon 1898 die am zweithäufigsten genannte schlechte »Charaktereigenschaft« von Einzelkindern. Bereits im 19. Jahrhundert muss es in den USA Ein-Kind-Familien gegeben haben, in denen die Eltern ihre Kinder verwöhnten, indem sie deren Launen nachgaben: »Vielen [Einzelkindern] ist es erlaubt, wann immer sie wollen zu Hause zu bleiben, andere werden daheim behalten, sobald das Wetter ein wenig bedrohlich ist, und wieder andere dürfen mal diese, mal jene Schule besuchen, grad wie es ihre Laune will.«[100]

Verzögerter Schuleintritt und unregelmäßiger Schulbesuch waren vor 110 Jahren die Auswirkungen allzu liberaler Erziehung – insofern nicht mit dem totalen Rückzug der heutigen Hikikomori zu vergleichen. Doch die Problematik ist die gleiche geblieben: Es scheint für Eltern offensichtlich schwieriger zu sein, in der Kleinfamilie konsequent zu erziehen als in der Großfamilie. »Etwas im Status des einzigen Kindes (fordert) eine sonderbare Mischung aus Wachsamkeit und Anbetung heraus«[101], umschreibt die Journalistin Ellie McGrath das Problem.

Bei vier, fünf, sechs Kindern, wie sie vor 100 Jahren überall noch gang und gäbe waren, reichen weder die elterliche Zeit noch die Geduld oder das Geld, um allzu sehr auf die Einzelnen einzugehen und für jeden Ausnahmeregelungen zu gewähren.[102] Doch bei *einem* Kind können es sich die Eltern eher leisten, nachzugeben und Sonderwünsche zu erfüllen. »Kleinfamilien haben zu wenig Mitbewohner, die ebenfalls menschliche Forderungen stellen und Bedürfnisse befriedigt haben wollen. Folglich dreht sich der ganze Tagesablauf mehrheitlich um die Kinder. Die Eltern sind vorwiegend fürsorglich für sie da, schenken ihnen größte Aufmerksamkeit und wollen nur das Beste. Sie stellen gar ihre persönlichen Bedürfnisse zurück. Die Elternschaft geht vor: ›Wir wollten Kinder, also sollen sie es auch gut haben!‹«, schreibt der Ratgeberautor, Familien- und Paartherapeut Peter Angst[103] und plädiert ebenfalls dafür, auch *ein* Kind nicht in den Mittelpunkt des Familienlebens zu stellen (Angst ist Vater von acht Pflegekindern).

Eltern von Einzelkindern »verwöhnen« ihr Kind meist vor allem in Form von Aufmerksamkeit und Unterstützung. Die immaterielle Zuwendung, die Einzelkinder erfahren, hat durchaus eine Wirkung auf ihr Lebensgefühl –

und zwar auch eine positive. Viele Einzelkinder erzählen, dass sie ein grundlegendes Gefühl des Privilegiertseins verspüren. Dieses basiert auf dem Wissen, dass die Eltern alles in ihrer Macht Stehende tun werden, damit die Kinder ihr Potenzial voll entfalten können. »Dieses Wissen, dass ihre Eltern ›für‹ sie sind, führt oft zu dem gesunden Gefühl, einen berechtigten Anspruch auf vieles zu haben, ein Gefühl, das nichts mit materieller Zuwendung oder einer Erbschaft zu tun hat. (…) Viele Einzelkinder fühlen sich in ihrer Kindheit und Jugend vom Glück begünstigt, weil sie wissen, dass ihre Eltern sie unterstützen und Opfer für sie bringen werden.«[104]

Die negativen Folgen nachgiebiger und verwöhnender Erziehung fallen bei *einem* Kind erst mit der Zeit negativ ins Gewicht. Der Übergang von elterlicher Zugewandtheit zu Verwöhnung, die das Kind in den Mittelpunkt stellt und sich seinen Wünschen unterordnet, ist bei Einzelkindern schwieriger zu erkennen. Bei *einem* Kind ist man automatisch stärker auf dieses eine konzentriert, weil es keine anderen gibt, die die Aufmerksamkeit auf sich ziehen und ihrerseits Bedürfnisse anmelden. Das Aushandeln, wer was bekommt – materiell und immateriell – geschieht bei kleinen Familien nur im kleinen Rahmen. Das ist ein »strukturelles Problem«, das die einzelne Mutter, der einzelne Vater nicht lösen kann; als Eltern eines Einzelkindes kann man nicht so erziehen, wie man es in einer Großfamilie müsste. Entsprechend einfacher ist es, dem Einzelkind die meisten Wünsche zu erfüllen. Die richtige Mischung zu finden, sein Ein und Alles weder übermäßig kontrollierend noch allzu nachgiebig zu erziehen, ist nicht immer einfach. Doch die meisten Eltern von einem Kind schaffen es, weder zu streng noch zu verwöhnend zu sein. In Untersuchungen konnte das Stereotyp des verwöhnten Einzelkinds nicht bestätigt werden.[105]

Dass Eltern das Beste für ihr(e) Kind(er) wollen, ist nichts Neues. Es besteht eine lange Tradition im Bestreben, seinen Kindern eine bessere Zukunft zu ermöglichen. Heute geht es vielen Eltern schon relativ gut, deshalb ist heute »das Beste für die Kinder« die bestmögliche individuelle Förderung. Die Zeiten, da man glaubte, den Kindern das Optimum mit auf den Lebensweg zu geben, indem man sie an autoritäre Zucht und Ordnung gewöhnte, sind Gott sei Dank vorbei. Heute ist ein autoritativer (lat., Respekt einflößend, verlässlich, entschieden, bestimmt oder maßgebend) Erziehungsstil vorherrschend, bei dem die Eltern für ihre Kinder zugänglich und emotional warm sind, hohe Erwartungen an ihre Kinder haben und ihnen gleichzeitig viel Autonomie innerhalb klar gesetzter Grenzen zugestehen. Bei diesem Erziehungsstil loben und ermutigen die Erziehungsberechtigten, führen bei Grenzverletzungen jedoch klar vermittelte Sanktionen durch, die den Kindern im Vorfeld erklärt und damit nachvollziehbar gemacht werden.

Hintergrund
Starke Elternbindung – negative Auswirkungen

Die starke Bindung von Einzelkindern zu ihren Eltern kann auch negative Auswirkungen haben. Um das zu veranschaulichen, soll hier nochmals Elvis Presley zitiert werden, dessen überaus enge Beziehung zur Mutter durch deren Tod ein abruptes Ende nahm, was den King of Rock 'n' Roll völlig erschütterte: »Der Tod der Mutter *brach mir das Herz.* (…) *Sie war immer mein bestes Mädchen.*«[106] Presley soll sich auf den Leichnam geworfen, die Tote geküsst und geherzt und zu ihr in Babysprache gesprochen haben; beim Gottesdienst sei er beinahe hysterisch gewesen, und als der Sarg in die Gruft geschoben wurde, habe Elvis gerufen: »*Auf Wiedersehen, Liebling, auf Wiedersehen. Ich liebe dich so sehr. Du weißt, wie sehr. Mein ganzes Leben lebte ich für dich! O Gott, alles, was ich besitze, ist weg.*«

Ob sich Elvis' Abschied von der Mutter tatsächlich so dramatisch abspielte, sei dahingestellt. Wenn es nicht wahr ist, so ist es doch gut erfunden. Dieses Beispiel zeigt, dass sich eine enge Beziehung (meist) zur Mutter auch sehr einschneidend und negativ für ein Einzelkind auswirken kann. Doch glücklicherweise ist das die Ausnahme und nicht die Regel.

In den meisten Fällen ist das Bild von der Mutter, die ihr einziges Kind so sehr an sich bindet, dass es unselbständig und neurotisch wird, eine Phantasievorstellung. Das Profil von Einzelkindeltern heute sieht anders aus. Wie wir im Kapitel »Wie sind die Eltern von Einzelkindern?« gesehen haben, sind Eltern meist nicht auf ihr einziges Kind fixiert, sondern es steht gleichwertig neben anderen Interessen der Eltern wie Freundschaften, die Partnerschaft, Freizeitaktivitäten und die Freude am Beruf. Vor diesem Hintergrund ist es unwahrscheinlich, dass das Einzelkind oder die Mutter das symbiotische Gefühl entwickeln, nur für den anderen zu leben und sich ohne den anderen nutzlos zu fühlen.

Es gibt ein paar Phasen im Leben von Einzelkindern, in denen die enge Beziehung zu den Eltern jedoch potenziell hinderlich werden kann. Dazu gehört die Adoleszenz, während der Einzelkinder bei einer allzu engen Eltern-Beziehung Mühe haben können, sich abzulösen.[107] Das gilt vor allem dann, wenn Vater und Mutter schon etwas älter sind. Die Konflikte, die für die Pubertät typisch sind, können durch den engen sozialen Rahmen, in dem sie sich abspielen, noch intensiviert werden.

Einige Einzelkinder berichten, dass sie sich in der Adoleszenz unangenehm anders als die andern fühlten. Sie sahen vor allem den Altersunterschied zu den reiferen Eltern als zu groß an. Manche sorgten sich gar um die Gesundheit und das Leben ihrer Eltern[108], die um die Sechzig waren. Dies ist in der Pubertät sicher keine alterstypische Sorge. In diesem Fall ist es hilfreich, wenn Einzelkinder Vertrauenspersonen finden, mit denen sie sich über ihre Nöte unterhalten können. Manchmal sind das befreundete Einzelkinder, die unter ähnlichen Problemen leiden. Es kann aber auch jener Elternteil sein, zu dem das Einzelkind in dieser Zeit den besseren Zugang hat. Ein erwachsenes Einzelkind erzählte, dass es ihr während der Pubertät half, mit dem Vater intensiv über alles zu debattieren, was sie gerade beschäftigte.

Eine weitere Übergangsphase, während der die enge Beziehung zu den Eltern und damit das psychische Gleichgewicht von Einzelkindern erschüttert werden kann, ist die Scheidung der Eltern. Eltern, die nur *ein* Kind haben, gehen deutlich häufiger auseinander als Eltern mit zwei oder mehr Kindern. Seit Jahrzehnten ist das der Fall, und die Tatsache, dass sich die Eltern häufiger scheiden lassen, ist eines der großen Probleme von Einzelkindern. Denn gerade für Einzelkinder muss es fatal sein, wenn in der ohnehin kleinen Familie von den beiden engsten Bezugspersonen eine wegfällt und nur noch eine, meist die Mutter, übrig bleibt.

Bereits in den 1950er Jahren erlebte rund ein Drittel der Einzelkinder bis zum Alter von 16 Jahren die Scheidung von Vater und Mutter[109] – bei Geschwisterkindern traf es »nur« ein Viertel[110]. Die Mehrheit der Einzelkinder wurde jedoch schon damals in einer intakten Familie groß. Das ist noch heute der Fall: 59 % der Einzelkinder im Vor- und Grundschulalter wachsen mit ihren verheirateten Eltern auf. Doch ist der Anteil alleinerziehender Ein-Kind-Eltern mit 35 % (Geschwisterkinder: 20 %) auch heute noch hoch. Einzelkinder wachsen auch etwa doppelt so oft bei Eltern auf, die eine nichteheliche Lebensgemeinschaft führen (13 % der Einzelkinder).[111]

In der Mehrzahl der Scheidungsfälle lebt das Einzelkind nach der Trennung bei der Mutter.[112] Die Zuwendung und Förderung durch den Vater ist dadurch geringer, und die geschiedene Mutter ist meistens gezwungen, einer Erwerbsarbeit nachzugehen. Ihre Bindung an das bei ihr lebende Einzelkind verringert sich notgedrungen, da sie öfters außer Haus ist.

Die Belastungen, die die elterliche Scheidung mit sich zieht, stellten sich in zahlreichen Studien als *der* Grund heraus, weshalb sich Einzelkinder nicht optimal entwickelten – vor allem die kognitiven Leistungen waren geringer, wenn das Einzelkind geschiedene Eltern hatte.[113] Erklären lässt sich das vor allem indirekt: Mit der Scheidung wird die enge Beziehung der Einzelkinder zu einem Elternteil gelockert oder manchmal ganz gelöst und daher wird das Einzelkind weniger gefördert.

Aber nicht alle Einzelkinder mit geschiedenen Eltern entwickeln Probleme, einige kommen gut damit zurecht.

Heute interessiert die Forschung genau dieses Phänomen, dass es immer wieder Individuen gibt, die sich selbst unter schwierigen Umständen positiv entwickeln. Sie finden Mittel und Wege, selbst große Probleme zu meistern, an denen viele andere scheitern würden. Resilienz nennt man in der Fachsprache diese Fähigkeit, unter widrigen Umständen (wie zum Beispiel Alkoholismus der Mutter) psychisch gesund zu bleiben.

In den 1970er Jahren galten geschiedene Mütter mit einem Kind als Hochrisikogruppe. Einzelkinder, die in dieser Situation aufwuchsen, wurden 1979 vom National Institute of Mental Health der USA als eine von insgesamt acht Hochrisikogruppen eingestuft. Worauf diese Einschätzung gründete, ist unklar – eventuell auf der bis damals einzigen Studie zum Thema: Diese hatte herausgefunden, dass geschiedene Mütter in erzieherischen Belangen Schwierigkeiten hatten, weil ihnen die zweite Meinung (des Ehegatten) fehlte; auch sahen die Mütter ihre Einzelkinder als Ehepartnerersatz an, und die Einzelkinder beklagten sich, wenn sie im Haushalt mithelfen mussten.[114]

Zehn Jahre später zeichnete eine Studie[115] von Denise Polit ein völlig anderes Bild der Mutter-Einzelkind-Familie: Das Duo verfügte über erstaunliche Fähigkeiten, die schwierige Situation positiv zu bewältigen. Das erforderte einige Überlegungen und Neuorganisationen. Doch die Schwierigkeiten ließen sich folgendermaßen überwinden: Den Haushalt machte die geschiedene Mutter zu einem Großteil allein, bestand jedoch auf einer gewissen Mitarbeit des Einzelkinds. (Im Gegensatz dazu mussten Einzelkinder, die mit beiden Elternteilen aufwuchsen, im Haushalt am wenigsten übernehmen.) Die Einzelkindmädchen hatten nicht etwa mehr Aufgaben im Haushalt zu erledigen als die Jungs, doch entsprachen die »Ämtchen« dem jeweiligen Geschlechtsrollenstereotyp: Die Jungs mussten den Abfall hinaustragen, Schnee schaufeln und Laub rechen; die Mädchen halfen beim Kochen, Staubsaugen, Einkaufen und Abwaschen. Die Wäsche wuschen die geschiedenen Mütter immer selbst.

Die Finanzen waren zwar bei allen geschiedenen Familien ein Problem, doch bei Müttern mit *einem* Kind ein viel kleineres als bei Müttern mit zwei oder drei Kindern. Die finanzielle Situation der Letzteren war häufig prekär, und die Betroffenen waren öfter auf Sozialhilfe angewiesen. Wer schon vor der Scheidung gearbeitet hatte, hatte am wenigsten Probleme, das Familienleben nach der Schei-

g neu zu organisieren. Einige der arbeitenden Mütter
meinten gar, die Familienorganisation sei ohne Mann
einfacher geworden, da die Konflikte abgenommen hätten
und auch weniger Hausarbeit anfalle.

Alles in allem hatten es die Mütter mit einem Einzelkind
am einfachsten, ohne Ehemann zu leben, und die Mehrheit sagte drei Jahre nach der Scheidung über ihre Familie,
dass sie gut funktioniere und stabil sei. Die Einzelkind-
mütter hatten meist schon vor der Scheidung gearbeitet
und brauchten nicht erst einen Job zu suchen. Einige
hatten im Voraus geplant und Vorkehrungen für die Zeit
nach der Scheidung getroffen, zum Beispiel eine externe
Kinderbetreuung gesucht. Im Gegensatz dazu hatten geschiedene Mütter mit drei Kindern am meisten Mühe, ihr
Familienleben zu reorganisieren; sie waren meist länger
damit beschäftigt, die schwerwiegenden Probleme zu lösen, für die ihr Ex-Mann verantwortlich war: Kindsmiss-
brauch, Alkoholismus oder Gewalt in der Ehe.

Die Mütter berichteten der Forscherin, dass ihre Kinder
gestresst waren, als sie von der bevorstehenden Trennung
der Eltern erfuhren. Nach zwei Jahren jedoch hatten sich
die meisten an die neuen Lebensumstände gewöhnt, vor
allem an die arbeitende Mutter und den Besuchsvater, den
sie ein- bis zweimal die Woche sahen.

Erstaunlicherweise waren nicht die Einzelkinder, die
ja ohne Geschwister klarkommen mussten, am meisten
gestresst (4 %), sondern Kinder mit einem Geschwister
(35 %). Anders als man vermuten würde, berichteten die
Mütter von mehreren Kindern nur sehr selten, dass ihre
Kinder sich gegenseitig geholfen hätten, die Scheidung zu
bewältigen; im Gegenteil führten die unterschiedlichen
Arten, mit der Scheidung umzugehen, zu vermehrter
Spannung unter den Geschwistern. Auch rivalisierten die
Geschwister eher um die Gunst der Mutter und vereitelten

so die gegenseitige geschwisterliche Unterstützung. Besonders bei Kindern mit *einem* Geschwister war die Rivalität um die Aufmerksamkeit der Mutter groß.

Unerwarteterweise hatten Kinder mit *einem* Geschwister auch am meisten Mühe, Freunde zu finden und zu halten, sie waren übermäßig schüchtern, verschlossen, unkommunikativ und unfähig oder unwillig, ihre Gefühle mit anderen zu teilen. Sie waren übersensibel und verletzbar und blieben lieber für sich – so wie es das Vorurteil Einzelkindern nachsagt.

Diese Probleme bestanden bei Einzelkindern nicht. Einzelkinder mit einer alleinerziehenden Mutter waren im Gegenteil sozial und emotional »angepasst«. Sie fanden nach der Scheidung leicht Kontakt zu Gleichaltrigen und Erwachsenen, waren aufgeweckt, fröhlich, gescheit, reif und unabhängig. Verhaltensprobleme oder emotionale Probleme waren relativ selten. Sie weinten nicht grundlos, konnten damit umgehen, wenn sie etwas nicht bekamen, vermochten ihre Launen zu zügeln, konnten sich entspannen; weder waren sie übermäßig am Tagträumen, noch weigerten sie sich, die Hausaufgaben zu machen. Die Mütter schilderten ihre Einzelkinder als fähig, eigene Entscheidungen zu treffen, als einfühlsam und autonom. Auch Selbstvertrauen hatten Einzelkinder mehr als Kinder mit *einem* Geschwister.

Erklären lassen sich diese erstaunlichen Bewältigungsfähigkeiten von Einzelkindern mit der Theorie des sozialen Lernens. Diese besagt, dass Kinder vor allem durch Beobachtung und Nachahmung der Verhaltensweisen von anderen lernen – in diesem Fall von den Müttern. Die Mütter strahlten in den Interviews Stärke, Selbstvertrauen und Optimismus aus, sie mochten ihr Leben und ihre Karrierepläne. Meist hatten sie selbst die Scheidung eingereicht, weil sie die Ehe als gescheitert erachteten (im Gegensatz dazu waren die Mütter mit zwei Kindern eher verlassen worden und haderten mit ihrem Los). Geschiedene Einzelkindmütter waren sich von allen befragten Müttern ihrer Bedürfnisse am stärksten bewusst, sie waren autonom, arbeiteten Vollzeit, hatten am wenigsten finanzielle Probleme und trafen sich mit einem vielversprechenden neuen Partner. Kurz: Sie hatten sich gut in ihre Rolle als alleinerziehende Mutter eingefügt und lieferten ihrem Kind ein positives Modell, wie man erfolgreich die Scheidung vom biologischen Vater bewältigt.

Auch wenn die Eltern sich trennen, stehen Einzelkinder also nicht auf verlorenem Posten. Sie und ihre Mütter haben entgegen der landläufigen Vorstellung gute Chancen, aus einer Scheidung keinen Untergang, sondern eine Wende zum Besseren zu machen.

Diese Unabhängigkeit widerspricht sämtlichen Klischees, die man sich von Einzelkindern und alleinerziehenden Müttern macht – und sie provoziert. Wenn der Ehegatte, über Jahrhunderte unentbehrlicher Ernährer und unbestrittenes Familienoberhaupt, bei einer Scheidung relativ »einfach« ersetzt werden kann, dann hat sich die Rolle der Frau und Mutter fundamental gewandelt. Aus der abhängigen Gattin ist eine selbstbestimmte Berufstätige mit Kind geworden. Für konservativ denkende Menschen eine Schreckensvorstellung. Wie sagte doch der Leiter des Büros zur Erforschung der Bevölkerung (Office of Population Research) der Princeton-Universität Charles F. Westoff in den 1970er Jahren: »Man stelle sich die Konsequenzen auf die Ehebereitschaft und Fruchtbarkeit in einer Gesellschaft vor, wenn Männer und Frauen dereinst ökonomisch gleich und voneinander unabhängig sind!«[116]

Für geschiedene Mütter mit einem Kind ist diese Situation offenbar schon in den 1980er Jahren möglich gewesen. Mutter-Kind-Familien haben damit etwas vorweggenommen, was die Gesellschaft als Ganzes erst heute kennzeichnet: hohe Scheidungs- und geringe Geburtenraten, Berufstätigkeit und Unabhängigkeit der (geschiedenen) Mütter vom »Ernährer«-Gatten.

Damit wären die Überlegungen zu Scheidung in Ein-Kind-Familien zu Ende. Sie sind deshalb so ausführlich ausgefallen, weil Scheidung einen fundamentalen und häufig vorkommenden Einbruch in die enge Beziehung von Einzelkindern zu den Eltern darstellt.

Abschließend lässt sich festhalten: Die starke Bindung der Einzelkinder an ihre Eltern hat positive wie negative Seiten. Positiv ist die breite Förderung, die Einzelkinder durch die enge Beziehung zu Vater und Mutter erhalten, sprachlich, intellektuell und was Reife und Selbstbewusstsein anbelangt. Negativ wirken sich sicher zu hohe elterliche Erwartungen an das einzige Kind aus. Auch anhaltender Stress, Streit und Scheidung der Eltern heben die positiven Auswirkungen der engen Elternbeziehung der Einzelkinder auf.

Auch Einzelkinder erleben schwerwiegende Herausforderungen wie Krankheit, Arbeitslosigkeit oder Alkoholismus eines Elternteils. Wie genau sie darauf reagieren, wurde bisher nicht untersucht und lässt sich nicht mit dem »gesunden Menschenverstand« beantworten. Das dargelegte Beispiel der Herausforderung »Scheidung« hat gezeigt, dass Einzelkinder (und ihre Mütter) auch unter sehr schwierigen Umständen Bewältigungsstrategien entwickeln können, die sie vor großem Schaden bewahren.

Vorurteil 5
Einzelkinder sind einsam

Wenn es bei Vorurteilen Ranglisten gäbe, dann kämen bei Einzelkindern auf die ersten drei Plätze: einsam, verwöhnt und unangepasst (auf Englisch prägnant: »pampered, lonely, misfit«). Wobei das Vorurteil »einsam« wohl am schwersten wiegt. Einsamkeit hat in der westlichen Gesellschaft den unangenehmen Beigeschmack von sozialem Versagen.

Unangepasst, das mögen auch Künstler, Freaks, Außenseiter sein, und sie können trotzdem ein unbeschwertes Leben führen. *Verwöhnt* sind heutzutage die meisten Kinder aus einigermaßen gutem Hause, und verantwortlich dafür sind vor allem die Eltern.

Aber Einsamkeit, das ist – so verbreitet sie in unserer individualisierten zergliederten Gesellschaft auch sein mag – der soziale Bankrott. Seit Entsagung, mönchische Abgeschiedenheit und andere früher hoch geschätzte einsame Lebensweisen ihren Status als Tugend eingebüßt haben und Networking, Socializing und Teamwork zu Kardinaltugenden aufgestiegen sind, ist Einsamkeit etwas, wofür man sich schämt.

Einsamkeit soll nun also eine typische Erfahrung von Einzelkindern sein, lautet das Vorurteil. Doch warum sollen Einzelkinder eigentlich einsamer sein als andere? Weil sie kein Geschwister haben, so die Antwort. Am Morgen stehen sie ohne Geschwister auf, essen ohne Bruder und Schwester Frühstück, und am Abend sinken sie allein in ihrem Einzelkindzimmer ins Bett.

Doch abgesehen von diesen Randzeiten erleben Einzelkinder einen abwechslungsreichen Alltag mit fast so vielen Kontakten wie Geschwisterkinder. Insgesamt kennen Einzelkinder zwar nicht ganz so viele Menschen, doch treffen sie ihre Bekannten häufiger als Geschwisterkinder das tun: Durchschnittlich sehen Einzelkinder täglich ungefähr sechs Personen.[117] Fast noch wichtiger als die Quantität ist jedoch die Qualität dieser Kontakte, die bei Einzelkindern ausgesprochen gut ist. Ihre Freundschaften sind etwas enger als jene von Geschwisterkindern. In Zweierbeziehungen, wie es Freundschaften sind, bewähren sich Einzelkinder bestens. Das könnte auch der Grund sein, weshalb sich Einzelkinder nicht einsamer als Geschwisterkinder fühlen, wie eine neuere Studie herausgefunden hat.[118]

Die gleiche Studie zeigt jedoch auch, dass Einzelkinder in der Gruppe, genauer: im Klassenverband, unbeliebt sind. Werden sie deswegen von *allen* gemieden und fühlen sich einsam? Nein. Denn es gibt verschiedene Arten sozialer Kompetenz, die aus Isolation und Einsamkeit führen. Wer in der Schulklasse, deren Zusammensetzung man sich nicht aussuchen kann, akzeptiert wird, hat andere soziale Fähigkeiten als jemand, der es schafft, zu ausgewählten Leuten enge Freundschaften zu halten.

Eine repräsentative, allerdings etwas ältere Studie von Judith Blake kommt zu einem anderen Schluss: Dort waren Kinder aus kleinen Familien, wozu Einzelkinder gerechnet wurden, gemäß der Einschätzung der Lehrer bei ihren Klassenkameraden etwas *populärer* als Kinder aus großen Familien – auf jeden Fall, wenn es darum ging, andere Kinder für eine Mannschaft auszuwählen. Einzelkinder waren auch nicht scheuer und kamen gleich gut mit anderen Kindern aus wie Geschwisterkinder.[119]

Gruppenkompetenz ist nicht gleich Zweierkompetenz. So ist es durchaus möglich, dass Einzelkinder enge Freundschaften pflegen und gleichzeitig in der Gruppe nicht gemocht werden, und umgekehrt Geschwisterkinder in der Gruppe hohen Status genießen, jedoch keine wirklich guten Freunde haben. Übrigens finden es Einzelkinder nicht als belastend, dass sie in der Gruppe nicht so gut ankommen; sie schätzen sich selbst als gleich sozial wie die anderen ein.[120]

In der Kindheit fühlen sich viele Einzelkinder im Allgemeinen also nicht einsamer, als es Geschwisterkinder tun. Einzig Feiertage, Wochenenden oder die Ferien können langweilig sein, sofern die Familien der Einzelkind-Freunde es vorziehen, für sich zu bleiben. Doch deswegen gleich eine Fehlentwicklung zu befürchten, wäre sicher übers Ziel hinausgeschossen.

Einzelkinder sind erwiesenermaßen besser fähig, mit dem Alleinsein umzugehen. Viele schätzen die Zeit, in der sie für sich sein können, sehr. Ab und zu oder auch regelmäßig Stunden ganz für sich zu haben, wird vielen zu einem Bedürfnis, auch als Erwachsene. Blicken sie auf ihre eigene Kindheit zurück, empfinden sie die Stunden, die sie allein verbracht haben, als wertvoll. Weil sie damals gelernt haben, sich zu konzentrieren und sich ganz einer Beschäftigung hinzugeben – Fähigkeiten, die nicht nur ihre Phantasie anregten und ihre Kreativität förderten[121], sondern die ihnen auch in der Schule zugute kamen. In diesen Stunden konnten (und können noch immer) viele »die emotionalen Batterien wieder aufladen«[122] und in sich hineinhorchen, was ihre Bedürfnisse sind. Vieles spricht also dafür, dass es sinnvoll ist, ab und zu allein zu sein.

Die Adoleszenz jedoch ist auch für Einzelkinder keine leichte Sache: Einsamkeitsgefühle sind am stärksten in den späten Teenagerjahren bis Mitte zwanzig; danach fallen die Werte gleichmäßig ab bis zum 70. Lebensjahr. Dass man sich während der Ablösung vom Elternhaus einsam fühlt, erleben auch Geschwisterkinder. Für Einzelkinder jedoch kann die Adoleszenz zu einer Zeit werden, wo sie sich zum ersten Mal ernsthaft nach Geschwistern sehnen, nach Vertrauten, die die gleichen Kämpfe und Auseinandersetzungen mit den Eltern führen. Das haben Roberts & Blanton von jungen erwachsenen Einzelkindern erfahren, mit denen sie Tiefeninterviews führten. Die Einzelkinder vermissten die »emotionale Verbundenheit«, die es braucht, um mit jemandem schwierige Erfahrungen teilen zu können.

Besonders in Zeiten, wo es darum ging, die eigene Entwicklung zu verstehen und das Familienleben zu bewältigen, wünschten sich die Einzelkinder Geschwister. Sie waren überzeugt, dass ein Bruder oder eine Schwester den Stress reduziert hätte. Sie stellten sich vor, wie sie sich spät abends noch auf den Bettrand ihres Geschwisters hätten setzen und über Dinge reden können, die man weder den Eltern noch den Freunden anvertrauen möchte. »Als Einzelkind muss man lernen, mit Problemen selbst fertig zu werden«, sagte ein Einzelkind in der Studie.

Allein sein zu können ist zwar positiv, doch kann es auch zuviel des Guten werden – dann nämlich, wenn man verlernt, wie man sich Gleichaltrigen gegenüber öffnet.[123] Wer oft allein ist und alles mit sich selbst ausmacht, kann auch einen Hang zum Einsiedlertum entwickeln, geben die interviewten Einzelkinder zu bedenken.

Als Erwachsene müssen Einzelkinder wie alle anderen Individuen auch neue Beziehungen außerhalb der Familie suchen, ihre Ausbildung abschließen und sich in der Arbeitswelt zurechtfinden – eine Entwicklungsaufgabe, für die Einzelkinder beste Voraussetzungen mitbringen: Sie erreichen in der Regel einen besseren Schulabschluss[124], sind in ihrem Beruf und in Zweierbeziehungen kompetent, gehen mit gut ausgebildeten Menschen eine Partnerschaft ein und planen die Familiengründung bewusst. Sie sind also auch im Erwachsenenleben keine Einsiedler, die einsam in ihrer Wohnung sitzen.

Erst im späteren Erwachsenenalter kann die Geschwisterlosigkeit wieder zu einer Herausforderung werden, dann nämlich, wenn die eigenen Eltern Pflege benötigen und das Einzelkind allein dafür zuständig ist, wenn es keine Belastung abgeben kann und auch finanziell gefordert ist. Dass Einzelkinder sich ihren Eltern sehr nah fühlen und dass diese Zuneigung in der Kindheit nicht durch geschwisterlichen Neid oder Sich-zurückgesetzt-Fühlen getrübt wurde, hilft ihnen jedoch, diese Aufgabe emotional zu meistern und notfalls Hilfe von außen zu holen. Außerdem haben Studien gezeigt, dass auch unter Geschwisterkindern meistens nur ein einziges hauptsächlich für die Betreuung der Eltern zuständig ist; oft jenes Geschwister, das am nächsten wohnt.

Auch dass Einzelkinder wegen der fehlenden Geschwister selbst im Alter einsam werden, ist nicht zu befürchten. Wer wie die meisten Einzelkinder ein Leben lang enge Freundschaften pflegt und um den Wert guter Freunde weiß, verliert im Alter diese Fähigkeit nicht plötzlich.[125] Ohne Geschwister aufzuwachsen, bedeutet also nicht, zwangsläufig zum einsamen, unangepassten Sonderling zu werden: »Obwohl Geschwisterbeziehungen viele Vorteile haben, sind sie nicht unbedingt essenziell notwendig für eine gesunde Entwicklung«, schreibt die Entwicklungspsychologin Laura E. Berk. Und die auf 30 Jahre Einzelkindforschung blickende amerikanische Psychologin Toni Falbo hält in ihrem Resümee kurz und bündig fest: »Hunderte von Studien befassten sich weltweit mit Einzelkindern. (…) Heute wissen wir: Einzelkinder sind nicht einsamer als andere.«[126]

Hintergrund
Gründe für *ein* Kind

Es lassen sich zahlreiche Gründe finden, weshalb Paare nur *ein* Kind haben. Grob kann man zwei Gruppen unterscheiden: Eltern, die sich bewusst und selbstbestimmt für ein Kind entscheiden, und Eltern, die durch »höhere Gewalt« daran gehindert werden, weitere Kinder zu haben.

Zu Unrecht werden Eltern, die sich frei und unabhängig für nur ein Kind entschieden haben, als Egoisten und Karrieristen angesehen. Zu Unrecht sage ich deshalb, weil die »bewussten Normverletzer« (die Norm sind zwei Kinder) für ihr Kind die positivste Bühne bereitstellen: Sie sind nicht von Schuldgefühlen geplagt, ihrem Kind ein zweites vorzuenthalten. Sie sind zufrieden mit dem einen und müssen nicht all ihre Ansprüche und Wünsche in ihrem Einzelkind realisiert sehen. Sie haben ein positives Verhältnis zu ihm und haben nicht das Gefühl, keine richtige Familie zu sein. Für das Wohlbefinden eines Einzelkindes ist es am besten, wenn Vater und Mutter die Familiengröße bewusst gewählt haben und damit glücklich sind.

Bleiben wir vorerst bei den selbstbestimmten Gründen für *ein* Kind. Selbst zu entscheiden, wie viele Kinder man möchte, wurde erst mit der Zulassung der Antibabypille Anfang der 1960er Jahre möglich. In Deutschland wurde die Antibabypille zum Beispiel 1962 eingeführt.

»Die Pille« als fast 100-prozentig sicheres Verhütungsmittel hatte einen durchschlagenden Erfolg und veränderte die Gesellschaft nachhaltig. Die Geburtenrate sank in Deutschland innerhalb von zehn Jahren von durchschnittlich 2,5 Kindern (1965) auf durchschnittlich 1,5 Kinder (1975) pro Frau. Damit war die Geburtenrate so tief wie während der Weltwirtschaftskrise in den 1930er Jahren. Stolze 20–30 % der Frauen im gebärfähigen Alter hatten damals nur *ein* Kind. Dabei war der Pillenknick kein »Knick«, sondern eher ein »Sinkflug« der Geburtenrate. Er setzte 1965 ein und beendete die Phase des geburtenstarken Babybooms in den USA und in Deutschland.

Vermehrte Berufstätigkeit der Frauen ist ein weiterer wesentlicher Grund, weshalb es heute viele Paare bei *einem* Kind bewenden lassen. Je länger und besser die Ausbildung von Frauen, desto weniger Kinder bekommen sie im Durchschnitt. Die dämpfende Wirkung von Bildung auf die Geburtenrate zeigt sich heute sowohl in Entwicklungsländern als auch in entwickelten Ländern. Frauen, die an einer Universität Karriere machen, haben erwiesenermaßen am wenigsten Kinder. Die Universität hat eine empfängnisverhütende Wirkung, muss man mit einem lachenden und einem weinenden Auge zur Kenntnis nehmen. »Gut 58 % der Nachwuchsforscherinnen zwischen 37 und 42 Jahren sind ohne Kinder.«[127] Das Traurige daran ist, dass dadurch nur wenige Kinder eine Mutter erleben dürfen, die eine hochqualifizierte und gut bezahlte Arbeit wie jene der Wissenschaftlerin ausführt. In diesem spannenden und lukrativen Berufsfeld fehlen vor allem den Mädchen weibliche Vorbilder.

Dazu gehört auch folgender heikler Punkt: Einige Frauen haben sich die Mutterschaft anders vorgestellt, als sie es nach der Geburt des ersten Kinds erfahren. In die Freude über das Neugeborene schleicht sich gerade bei Frauen, die vorher ein erfülltes und abwechslungsreiches Dasein geführt haben, in den ersten Jahren eine gehörige Portion Einsamkeitsgefühle und Frustration über die mangelnde Anerkennung ihrer Leistung als frischgebackene Mutter ein. Hinzu kommt, dass Mütter, wenn das Baby klein ist, oft übernächtigt sind und häufig auch physisch an den Rand ihrer Kräfte gelangen. Im Alltag erleben sie ganz konkret, was die neue Rollenteilung auch bedeutet: Abhängigkeit vom Geld des Mannes und Verlust von Kontakten und von Anerkennung für die verrichtete Arbeit.

Große Teile des Beziehungsnetzes gestalten sich neu, alte Bekannte verschwinden aus dem Blickfeld, neue tauchen auf. Bis sich ein tragfähiges Netz gebildet hat, fühlen sich viele junge Mütter vor allem einsam und von allen erwachsenen Menschen verlassen. Das alte Rollenbild vom zufriedenen Hausmütterchen, das früher attraktiv war, lehnt die Mehrheit der Mütter von heute ab.[128] Ein neues, gleichberechtigtes Elternmodell, das den Vater stärker in die Erziehung miteinbezieht und der Mutter ganz selbstverständlich Erwerbstätigkeit ermöglicht, hat sich in den meisten Ländern nicht durchgesetzt. Dass sich Vater und Mutter die unbezahlte und die bezahlte Arbeit teilen, ist bisher selten der Fall. Eine Ausnahme bilden die skandinavischen Länder, dort herrscht noch am ehesten eine gleichberechtigte Verteilung der Lohn- und der Familienarbeit auf Mann und Frau.

Der Übergang zur Familie ist eine der einschneidendsten Erfahrungen im Leben einer Frau. (Für Männer ist sie natürlich ebenfalls bedeutend, aber lange nicht so gravierend wie für Frauen.) Zwei Jahre dauert es in der Regel, bis sich junge Mütter an die neue Situation angepasst und ein befriedigendes soziales Netz aufgebaut haben. Ein »Mütterrudel«, wie es die österreichische Kolumnistin Doris Knecht formulierte, stellt sich nicht von heute auf morgen ein.

Zwei Jahre können eine lange Zeit sein. Einige Mütter finden, damit reiche es, und bleiben bei *einem* Kind. Sie freuen sich, wenn ihr Kind selbständiger wird und ihnen dadurch ermöglicht, wieder eigene Bedürfnisse wahrzunehmen, zum Beispiel mit dem Partner zu zweit ein Wochenende zu genießen, während das Kind bei den Großeltern oder bei Freunden ist. Mit *einem* Kind sind solche

Wünsche einfacher zu realisieren, weil man leichter eine Betreuung findet.

Frustration über die ausschließliche Mutterrolle – das ist bereits ein erster Grund für *ein* Kind, der sowohl Anteile von Selbstbestimmung (»ich habe das Kind gewollt …«) in sich birgt als auch von gesellschaftlichen Zwängen, die für die einzelne Frau schwer zu beeinflussen sind (»… aber nicht die konventionelle Rollenverteilung«). Scheidung ist ein anderer solcher Mischfall und seit Jahrzehnten eine häufige Ursache, weshalb Erstgeborene ohne Geschwister bleiben.

Einzelkinder sind wie bereits erwähnt überdurchschnittlich häufig davon betroffen, dass sich die Eltern scheiden lassen. Obwohl Geschiedene häufig nach ein paar Jahren wieder neue Partner finden, vergeht in der Regel doch einige Zeit, bis sich die neuen Paare überlegen, ob sie zusammen ein Kind möchten. Im Durchschnitt dauert dieser Prozess zirka fünf Jahre. Nach dieser Zeit ist das Kind aus erster Ehe bereits in der Grundschule, also »aus dem Gröbsten heraus«. Sich in dieser Phase nochmals auf das Abenteuer Säugling einzulassen, braucht einen starken Kinderwunsch der Mutter – zu alt darf sie auch nicht sein. Die Mehrheit der Einzelkinder bleibt ohne Geschwister, nachdem sich die Eltern getrennt haben. Einige bekommen Halbgeschwister, die der neue Partner aus erster Ehe mitbringt. Nicht wenige dieser Patchworkfamilien müssen sich nach ein paar Jahren mit einer erneuten Krise auseinandersetzen: wenn die neue Verbindung ebenfalls auseinanderbricht.[129]

Als von »höherer Gewalt« bestimmt können all jene Männer und Frauen gelten, die entweder keinen passenden Partner mehr finden, mit dem sie sich weitere Kinder vorstellen können, oder deren Partner stirbt. Früher, während des Zweiten Weltkriegs oder anderer politischer Konflikte wie dem Spanischen Bürgerkrieg, war Letzteres häufig der Grund, weshalb eine Familie nur *ein* Kind hatte. Heute kommt es zwar auch vor, ist jedoch relativ selten.

Häufiger tritt ein, dass ein Paar nach dem ersten Kind aus biologischen Gründen keine weiteren bekommen kann. Besonders Männer und Frauen ab 35 Jahren sind davon betroffen. Der Fachbegriff dafür lautet sekundäre Unfruchtbarkeit. Sie wird definiert als Unfähigkeit eines Paars, nach dem ersten Kind oder den ersten Kindern nochmals schwanger zu werden beziehungsweise eine Schwangerschaft auszutragen. Sekundäre Unfruchtbarkeit ist statistisch gesehen häufiger als primäre Unfruchtbarkeit. Häufig leiden die betroffenen Paare stark darunter, vor allem in den ersten Jahren nach der Geburt des ersten Kindes, wenn sie unter Umständen jeden Monat von neuem hoffen, dass es dieses Mal klappt, und sie zum x-ten Male enttäuscht werden, wenn sich keine Schwangerschaft einstellt. Die unerfüllte Hoffnung auf ein zweites Kind kann die Beziehung des Paares auf eine harte Bewährungsprobe stellen. Das Paar muss lernen, ohne Schuldzuweisung die Situation anzunehmen, und sich schließlich damit »abfinden«, nur *ein* Kind zu haben. Gerade Müttern und Vätern, die große Vorbehalte gegenüber Einzelkindern haben, fällt dies sehr schwer. Entlastung finden manche ungewollten Ein-Kind-Eltern, indem sie sich enger an andere Familien anschließen und mit diesen eine – wie auch immer geartete – Gemeinschaft bilden, zum Beispiel im gleichen Haus in eigenen Wohnungen leben, sodass sich die Einzelkinder regelmäßig besuchen können.

Keine Wahl zu haben, macht unzufrieden. Aber genauso verunsichernd kann es sein, wenn Paare nur zwischen zwei Übeln wählen können. Das ist der Fall bei vielen, die eigentlich gerne Kinder hätten, sich jedoch beruflich oder finanziell in einer Lage befinden, in der sie die Kinder nicht selbst unterhalten könnten. In Norditalien zum Beispiel ist die Arbeitssituation vieler junger Erwachsener so prekär, dass sie ihren eigenen Lebensunterhalt nicht selbst bestreiten, geschweige denn für eine Familie sorgen können. Das dürfte der Hauptgrund sein, weshalb das einstige Land der »bambini« heute so wenig Nachwuchs zu verzeichnen hat.[130]

Manche jungen Leute gehen zwei Jobs nach, um genügend Geld zu verdienen, was ihnen keinen Freiraum für Kinder lässt; andere sind arbeitslos oder übernehmen zeitlich begrenzte Aushilfsarbeiten, Praktika oder Ähnliches, für die keine existenzsichernden Löhne bezahlt werden. In Deutschland spricht man in diesem Zusammenhang von der »Generation Praktikum«. Vor allem in Ostdeutschland leiden viele Paare unter einer prekären Arbeitssituation, in der sie ihren Kinderwunsch auf bessere Tage verschieben oder es bei einem Kind bewenden lassen. Darauf deutet die Tatsache hin, dass die Geburtenziffer in Ostdeutschland nach der Wiedervereinigung auf einen Tiefststand von 0,84 im Jahr 1995 sank. Noch bis 1985 lag sie in Ostdeutschland deutlich über der westdeutschen.

In Ostdeutschland sind 2005 dementsprechend 62 % aller Familien Ein-Kind-Familien – in den wirtschaftlich besser dastehenden alten Bundesländern sind es »nur« 49 %.[131] (Diese statistischen Zahlen sind allerdings interpretationsbedürftig; darin enthalten sind auch Paare, die noch ein weiteres Kind möchten oder deren ältere Kinder bereits aus dem gemeinsamen Haushalt ausgezogen sind.) Auch in Polen, Tschechien, Rumänien und anderen Ländern des ehemaligen Ostblocks dürfte die schwierige Wirtschaftslage der Hauptgrund sein, weshalb Paare dort so wenige Kinder haben, was auch für Südeuropa gilt.

Als letzter Grund für nur ein Kind sei noch der Fak-

tor Gesundheit erwähnt. Vor 110 Jahren beobachteten der
US-amerikanische Psychologe G. Stanley Hall und sein
Kollege Bohannon, dass schlechte Gesundheit bei Einzelkindern die Regel sei. Auch die Eltern seien weniger
vital als der Durchschnitt, »und vielleicht ist es so, dass sie
früher steril werden«.[132] Damals waren die untersuchten
Einzelkinder in 162 Fällen von guter Gesundheit, in 98
Fällen ziemlich gesund und in 96 Fällen von schlechter
Gesundheit. Da Bohannon die 98 recht gesunden Einzelkinder mit den kranken zusammenzählte, resultierte
daraus, dass er weit mehr als die Hälfte als gesundheitlich
angeschlagen einstufte. Am meisten litten die Einzelkinder damals an Lungenproblemen, oder sie waren nervös,
hatten Kopfweh, Nasenbluten, Erkältungen, Katarrh oder
Krämpfe. Die Krankheitsbilder beunruhigen uns heute
nicht sonderlich, doch damals waren sie bedrohlich, da
weder die Diagnostik noch die Therapie von Krankheiten
im Säuglingsalter ausreichend war. Viele Kinder starben
vor dem 5. Lebensjahr.

Obwohl seither die Medizin immense Fortschritte gemacht hat und die Kindersterblichkeit in Europa auf
wenige Promille gesunken ist[133], ist Krankheit auch heute
noch in einigen Fällen der Grund, weshalb ein Kind ohne
Geschwister bleibt.

In einer Studie[134] wurde zwar festgestellt, dass Einzelkinder sich in ihrer Gesundheit nicht vom Durchschnitt
der Geschwisterkinder unterscheiden, dennoch überlegen
es sich die Eltern zweimal, wenn das Erstgeborene im
Säuglings- oder Kleinkindalter oft oder chronisch krank
ist, ob sie das Risiko eines weiteren eventuell kranken Kindes auf sich nehmen können und wollen. Laut der Soziologin Judith Blake war das in den USA nach dem Zweiten
Weltkrieg einige Male der Fall.[135] Blakes Analyse der Daten
zeigte, dass Einzelkinder als Säuglinge und Kleinkinder

klar mehr Gesundheitsprobleme aufwiesen als Geschwisterkinder – interessanterweise erkrankten damals häufig die Erstgeborenen von jungen Müttern unter 29 Jahren und blieben deswegen ohne Geschwister.

Gelegentlich ist auch die Mutter so erkrankt, dass ihr geraten wird, von weiteren Kindern abzusehen, oder die erste Geburt war so schwer, dass die Mutter davon traumatisiert ist und auf weitere Kinder verzichtet.

Man sieht, Gründe für *ein* Kind gibt es viele. Welches Motiv am häufigsten zum Status Einzelkind führt, wurde nicht erforscht. Die Scheidung der Eltern ist sicher eine verbreitete Ursache, weshalb ein Kind ohne Geschwister bleibt.

Defizite im Charakter von Einzelkindern?

In den folgenden Kapiteln werden Charakterdefizite behandelt, die Einzelkinder angeblich gehäuft aufweisen: Einzelkinder seien introvertiert, psychisch angeschlagen, selbstsüchtig und gar narzisstisch. Diese Vorurteile wiegen schwerer als die im ersten Teil behandelten. Weil sie nicht mit falscher Erziehung entschuldigt werden können, sondern der Persönlichkeit von Einzelkindern direkt angekreidet werden.

Selbstsüchtig, narzisstisch und *moralisch unterentwickelt* sind Charakterdefizite, mit denen man besonders in China, dem Land der staatlich verordneten Einzelkinder, Mühe hat. Im Reich der Mitte, wo Kinder bis vor wenigen Generationen noch zu absoluter Loyalität gegenüber der Familie und dem kommunistischen Gedankengut erzogen worden sind, klingen solche Befürchtungen alarmierender als im Westen. Der Situation von Einzelkindern in China wird im Folgenden ein ganzes Hintergrundkapitel gewidmet sein.

Im Westen gelten andere Eigenschaften als unvorteilhaft. *Introvertiertheit* ist so ein Zug, den der »aufgeschlossene Westen« nicht gerne sieht. Heute weiß man, dass es weitgehend angeboren ist, wie introvertiert beziehungsweise extrovertiert jemand auf andere reagiert. Einzelkinder leben, entgegen der gängigen Vorurteile, eher ihre extrovertierten Seiten aus, das jedenfalls zeigen viele Studien.

Ihre Psyche entwickelt sich absolut im Rahmen des Normalen. Einzelkinder bilden – ebenfalls entgegen der gängigen Meinung – weder ein aufgeblähtes, allzu *narzisstisches Selbst* aus, noch sind sie generell *psychisch angeschlagen*.

Die grundsätzliche psychologische Frage, die hinter den Vorbehalten gegenüber Einzelkindern steckt, lautet: Sind Geschwister für die Entwicklung einer Persönlichkeit so wichtig, dass der Charakter bei Geschwisterlosigkeit Schaden nimmt? Über Jahrzehnte hinweg wurde dazu geforscht, was Geschwisterbeziehungen alles bedeuten und – als Nebenprodukt der Geschwisterforschung – was es heißt, ganz ohne Geschwister aufzuwachsen. Sind Erstgeborene wie Einzelkinder erwachsenenorientiert? Werden mittlere Kinder kompromissbereiter als Einzelkinder? Gleichen Einzelkinder den Jüngsten, die wie sie immer das verwöhnte »Nesthäkchen« der Familie bleiben?

Birth order nennt man den Einfluss, den die Stellung eines Kindes in der Geschwisterreihe auf dessen Entwicklung ausübe – ein Einfluss, dem jedes Individuum lebenslänglich verhaftet bleibe. Birth-order-Forschung wird seit rund fünfzig Jahren betrieben. In einem Hintergrundkapitel wird gezeigt, dass bei Birth order nicht alles, was der vermeintlich gesunde Menschenverstand einsichtig findet, stimmt.

Vorurteil 6
Einzelkinder sind introvertiert

Seltene Einigkeit herrscht, was die angebliche Introvertiertheit von Einzelkindern anbelangt. Bereits in den 1980er Jahren kamen Forscher[136] zum Schluss: Die Behauptung,

Einzelkinder seien introvertierter als andere, ist falsch. Das Gegenteil ist der Fall. Während der letzten 25 Jahre wurde dieses Resultat mehrfach und für junge wie erwachsene Einzelkinder bestätigt.[137] Dabei war es egal, ob die Einzelkinder sich selbst einschätzten, ob sie von ihrer Mutter oder einer Lehrperson beurteilt wurden oder ob sie einen Persönlichkeitstest absolvierten – Einzelkinder schnitten immer gleich oder extrovertierter als Geschwisterkinder ab.

Die Schweizer Psychiater Cécile Ernst und Jules Angst nannten das Vorurteil vom introvertierten Einzelkind »psychologische Folklore«.[138] In ihren Persönlichkeitstests waren Einzelkinder beiderlei Geschlechts extrovertierter (und sozialer) als Erstgeborene mit Geschwistern. Einzelkinder hatten auch sonst keine neurotischere Persönlichkeit als andere, sie waren weder nervöser noch aggressiver, depressiver oder reizbarer. Die Forscher gingen aufgrund ihrer Testresultate so weit, zu sagen: »Geschwister haben keinen nachweisbaren positiven Einfluss auf die Persönlichkeit.«[139]

Die landläufige Meinung bewahrheitete sich ebenfalls nicht, dass viele Geschwister Kinder sozial und extrovertiert machen würden. Die meisten Menschen glauben, dass Kinder mit vielen Geschwistern so geprägt werden, dass sie auch außerhalb der Familie leicht auf andere zugehen. Weit gefehlt – große Familien führen nicht zu sozialeren und extrovertierteren Kindern. Das gilt bis in die Gegenwart, betont das deutsche Kinderpanel 2005. Noch heute schätzen sich Einzelkinder als extrovertierter ein, sie sind aufgeschlossener und interessierter an zwischenmenschlichen Begegnungen. »Auf der Grundlage des gegenwärtigen Forschungsstands muss die Ansicht, dass Einzelkinder eigenbrötlerisch und kontaktarm seien, als Vorurteil zurückgewiesen werden.«[140]

Ihre Extrovertiertheit prädestiniert die Einzelkinder zu Führungsaufgaben: Sie stehen überdurchschnittlich häufig Gleichaltrigengruppen, Cliquen und Jugendorganisationen vor, schreibt der deutsche Familienforscher Hartmut Kasten.[141] Eine Studie über neu in die Air Force Academy eingetretene Männer bestätigte diesen Zusammenhang: Die Neuen hatten ihre Kameraden auf deren Führungsqualitäten einzuschätzen – Einzelkinder wurden als am fähigsten bewertet.[142]

Der Einfluss der Geschwisterzahl auf die Extrovertiertheit ist schwach. Andere Lebensumstände zeigen eine deutlichere Wirkung: Je höher das Einkommen des Vaters ausfällt, desto extrovertierter sind junge Erwachsene. Außerdem ist jemand, der sich mit seinen schulischen Leistungen im Mittelfeld bewegt, extrovertierter als jemand, dessen Leistungen entweder sehr gut oder sehr schlecht sind. Einen leicht verstärkenden Einfluss auf die Extrovertiertheit junger Erwachsener haben auch ein höherer Schulabschluss, ein Vater mit hohem Berufsstatus und eine positive Beziehung zu den Eltern – was alles in der Regel auf Einzelkinder zutrifft.

Ob sich Extrovertiertheit weitgehend unabhängig vom Erziehungsstil und von anderen äußeren Faktoren ausbildet, ist nicht eindeutig entschieden. Ernst und Angst bestätigten diese Annahme – in China haben Forscherinnen der Nationalen Frauenuniversität in Peking gerade das Gegenteil beobachtet: Der elterliche Erziehungsstil zeige einen großen Einfluss auf die Offenheit und Extrovertiertheit von Jugendlichen. Elterliche Wärme wirke unterstützend, ein strafender Vater und eine abweisende Mutter hemmend. Wendet man diese Resultate auf Einzelkinder in Peking an, so genießen diese offenbar eine gute Beziehung zu den Eltern – denn die Pekinger Einzelkinder waren sogar in den »wilden Jahren« der Adoleszenz extrovertierter, offener und angenehmer als andere Jugendliche.[143]

Hintergrund
»Birth order« – der Mythos vom charakterbildenden Geburtsrang

Mit »Birth order« bezeichnet man die Auswirkung, die die Position in der Geschwisterreihe auf die Persönlichkeitsentwicklung eines Individuums hat. Auf Deutsch gibt es keinen Begriff für Birth order, der ebenso passend wäre, weshalb hier der englische Ausdruck gebraucht wird. »Stellung in der Geschwisterreihe« (englisch »Birth rank«) kommt Birth order am nächsten, ist jedoch kompliziert und besagt nur, ob jemand als Erster, Zweiter, Dritter, Jüngster oder Einziger auf die Welt kommt, und impliziert nicht, dass diese Tatsache Auswirkungen auf den Charakter hat.

Die Auswirkungen der Birth order auf den Charakter sollen nun aber bedeutend sein, sind die Anhänger dieser Theorie überzeugt. Erstgeborene – zu dieser Birth order werden Einzelkinder meistens gezählt – sollen durch ihre Erfahrung als Kinder, die eine Weile lang konkurrenzlos die Zuwendung der Eltern erhalten, konservativ, Autoritäten zugewandt, ehrgeizig und leistungsorientiert sein. Sie übernehmen für die Jüngeren Pionierfunktionen, sie testen in der Familie die Grenzen aus, verstoßen als Erste gegen Regeln und erweitern so den Handlungsspielraum für die nachfolgenden Kinder.

Mittlere Kinder wiederum sollen davon profitieren, dass die Eltern durch die gemachten Erfahrungen in ihrer Erziehung gelassener seien. Die Mittleren erlernten durch ihre Sandwichstellung zwischen Älteren und Jüngeren Verhandlungsgeschick, Überzeugungskraft, Kompromissbereitschaft und Anpassungsfähigkeit, was ihnen die Integration in Gruppen erleichtere. Allgemein wird Mittleren und Jüngsten nachgesagt, dass sie mehr soziale Kompetenzen hätten, da sie dank der älteren Geschwister lernten, sich mit Mächtigeren zu arrangieren. Allerdings würden die Mittleren Gefahr laufen, zu wenig wahrgenommen zu werden, vor allem von den Eltern.

Die Jüngsten seien die verwöhnten Nesthäkchen, denen am meisten durchgelassen werde und die einen Hang zum Rebellentum entwickelten (»Born to Rebel« heißt denn auch das 1996 erschienene Buch zum Thema von Wissenschaftshistoriker Frank J. Sulloway).

Die Stellung in der Geschwisterreihe präge ein Kind vor allem deshalb – sind die Anhänger von Birth order überzeugt –, weil die Eltern ihre Kinder je nach Birth order unterschiedlich erzögen. Beim Erstgeborenen (und beim Einzelkind) seien die Eltern noch unsicher, was die Erstgeborenen dazu veranlasse, mehr Eigenverantwortung zu übernehmen. Die Zeitspanne alleine, ohne nachfolgende Geschwister, lasse die Erstgeborenen (und Einzelkinder) außerdem eher erwachsenenorientiert und konservativ werden. Kommen jüngere Geschwister zur Welt, würden die Erstgeborenen – die selbst eine Art Autorität für die Jüngeren darstellen – ihrerseits »Gesetz und Ordnung« und damit hierarchisch höhergestellte, ältere, erwachsene Personen respektieren. Sie würden Führungsqualitäten entwickeln und in ihrer Intelligenz davon profitieren, dass sie die Jüngeren unterweisen können.

Jedes Kind, wo auch immer es sich in der Geschwisterreihe befinde, suche sich in der Familie eine Nische, wo es sich entfalten könne, argumentieren die Birth-order-Anhänger weiter. Ist das Erstgeborene eher intellektuell veranlagt, würden sich die Spätergeborenen zum Beispiel im Sport oder handwerklich zu profilieren versuchen. Denn Nischen, die bereits besetzt sind, bergen ein großes Konkurrenzpotenzial für die Geschwister. Wenn zwei in einer Familie das Gleiche tun, ist Auseinandersetzung (im positiven wie im negativen Sinne) vorprogrammiert.

Diese Nischensuche bleibt Einzelkindern erspart, sagen Birth-order-Forscher wie Frank J. Sulloway.[144] Das bewirke, dass Einzelkinder am wenigsten gut charakterisiert werden könnten. Einzelkinder würden für die Birth-order-Forschung eine Art »kontrolliertes Experiment« darstellen. Bei ihnen sehe man, wie es sich auswirkt, wenn ein Kind unberührt von nachfolgenden Geschwistern und den damit verbundenen Rivalitäten aufwächst. Einzelkinder würden dazu tendieren, eine Persönlichkeit zu entwickeln, die zwischen der autoritätsfreundlichen von Erstgeborenen und der Mentalität von Spätergeborenen liege, die es gewohnt sind, sich mit Mächtigeren zu arrangieren.

Allerdings musste Sulloway seine Einteilung und Zuordnung von Einzelkindern immer wieder modifizieren und Ausnahmen einräumen. Zum Beispiel sei Galileo Galilei zwar als »funktionales Einzelkind« aufgewachsen (denn seine Schwester wurde erst neun Jahre nach ihm geboren), doch kann ihm alles andere als Autoritätsgläubigkeit nachgesagt werden. »Rebellisch wie ein Jüngster« beharrte Galilei entgegen der kirchlichen Lehrmeinung darauf, dass die Erde sich um die Sonne drehe.

Sulloway räumt denn auch ein: »Einzelkinder sind jene Untergruppe in meinem Familiendynamikmodell, die am wenigsten vorhersehbar ist, und zwar weil sie keine Geschwister haben! Die Geschwisterlosigkeit macht Einzelkinder empfänglich für Einflüsse, die außerhalb meines Familiendynamikmodells liegen, vor allem empfänglich für die sozialen Werte der Eltern. Weil die Nische des ›Radikalen‹ in der Familie nicht vom jüngsten Geschwister besetzt ist, können Einzelkinder freier entscheiden, selbst radikal zu werden.«[145] Einzelkinder können nicht nur zum Rebellen in der Familie werden, sie können jede beliebige Nische besetzen, deshalb sind sie für die Birth-order-Forschung so schwierig zu »berechnen«.

Einige der Charakterzüge, die Sulloway den verschiedenen Birth order zuordnet, unterliegen Sonderregelungen, die kaum nachvollziehbar sind. Zum Beispiel die unterschiedliche Schüchternheit und Extrovertiertheit von Kindern unterschiedlicher Birth order. Bei Kindern mit wenigen Geschwistern sei Schüchternheit nicht mit Birth order korreliert, bei großer Geschwisterzahl hingegen schon. In großen Familien würden Erstgeborene eher kontaktfreudig und Spätergeborene eher zurückhaltend. Einzelkinder seien etwas weniger extrovertiert als Erstgeborene mit Geschwistern. Die Präsenz von Geschwistern mache Kinder sozialer und erleichtere es ihnen, extrovertierter zu werden – eine Behauptung, die falsch ist, wie im letzten Kapitel »introvertiert« gezeigt werden könnte.

Die Diskussion, welche Birth-order-Kinder schüchtern und ängstlich mache, zeigt anschaulich, wie widersprüchlich die Birth-order-Forscher argumentieren. Einmal wird behauptet, dass Einzelkinder eher konservativ und schüchtern wie Erstgeborene seien, dann wieder sollen sie rebellisch und aus sich herausgehend wie die Jüngsten sein. Dass die zahlreichen Birth-order-Studien es nicht schafften, Einzelkinder einheitlich einer Kategorie zuzuteilen, beanstanden auch die Psychologinnen Polit und Falbo: In einigen Studien werden Einzelkinder zu den Erstgeborenen geschlagen, in anderen zu den Letztgeborenen, in dritten sind sie eine eigene Klasse, in vierten werden sie explizit aus der Studie ausgeschlossen, und in fünften haben es die Autoren schlicht versäumt zu erwähnen, ob und falls ja, wie Einzelkinder kategorisiert wurden.[146] Doch wie auch immer Einzelkinder zugeordnet werden – die Erklärung ihrer Charaktereigenschaften läuft stets auf die Geschwisterlosigkeit als Ursache hinaus: Schüchterne Einzelkinder sind schüchtern, weil sie nicht durch Geschwister sozialisiert werden; nicht schüchterne Einzelkinder sind nicht schüchtern, weil sie wegen der fehlenden Geschwister von klein auf gezwungen sind, außerhalb der Familie Kontakte zu knüpfen.

»Die Resultate von Birth-order-Forschung sind immer mit dem vermeintlich gesunden Menschenverstand zu erklären«, halten die Schweizer Psychiater Jules Angst und Cécile Ernst fest, die 1983 systematisch sämtliche Birth-order-Resultate kritisch begutachteten: Wenn herauskommt, dass die *Letzt*geborenen ängstlich sind, dann lässt sich das damit erklären, dass sie als Jüngste lange Jahre die schwächsten Mitglieder der Familie waren. Wenn die *Erst*geborenen die schüchternsten sind, dann liegt das an der Erziehung der Mutter, die beim ersten Kind noch unsicher ist und keine klare, angemessene Linie verfolgt; wenn *mittlere* Kinder am ängstlichsten sind, dann ist das deswegen, weil sie als mittlere von den Eltern »übersehen« werden und zu wenig elterliche Zuwendung erhalten. »Mit etwas Einbildungskraft lässt sich sogar für die Ängstlichkeit eines zweiten Mädchens von vieren eine ›plausible‹ Erklärung konstruieren«, spotten Ernst und Angst und ziehen daraus den Schluss: »Diese Art Forschung ist schlicht eine Verschwendung von Zeit und Geld.«[147]

Wer weiter Birth-order-Forschung betreiben wolle, solle erst eine kohärente Theorie formulieren und daraus eine explizite Hypothese ableiten, die daraufhin adäquat getestet werden müsse. Falsch sei schon die Annahme, dass Birth-order-Effekte auf die unterschiedliche Erziehung der

Eltern zurückzuführen seien. Falsch sei außerdem die Behauptung, dass es eine typische »Erstgeborenen-Persönlichkeit« gebe. Auf jeden Fall hätten sie, Ernst und Angst, in ihrer eigenen repräsentativen Untersuchung keine solche gefunden.[148] Alfred Adlers weitreichende Hypothesen zur Persönlichkeit von Erstgeborenen und Nachgeborenen wurden durch die empirischen Daten nicht gestützt.

Statt Birth order hätten ganz andere Faktoren einen messbaren Einfluss auf die Persönlichkeit eines Individuums: die unterschiedlichen Sozialisationsformen großer und kleiner Familien, die Religionszugehörigkeit der Familienmitglieder, die Ethnie und die Stadt- beziehungsweise Landumgebung, in der Kinder groß werden, sowie die schichtspezifischen Unterschiede im Aufwachsen von Kindern.

Die Resultate von Jules Angsts eigener repräsentativer Studie zeigten, dass Birth order nur in zwei Bereichen einen Einfluss hatte – und erst noch zugunsten von Einzelkindern: Wenige Geschwister führten zu mehr absolvierten Schuljahren und zu einem besseren Bildungsabschluss.

Adlers Theorie der Entthronung, rebellische Jüngste, autoritätsfreundliche Älteste und verkannte Mittlere – vorbei und vergessen? Könnte man sich freuen. Doch so einfach geht das nicht. Birth order strahlt noch heute eine Faszination aus. Ähnlich wie astrologische Horoskope, erscheinen Birth-order-Stereotypisierungen vielen Leuten plausibel; viele glauben, dass »was dran ist«, obwohl mehrfach das Gegenteil bewiesen worden ist.[149] In den achtziger Jahren erlebte Birth order einen veritablen Boom, und noch immer werden jährlich fast 50 Studien zu Birth order veröffentlicht.

Dass die »Lehre« von den seriösen Erstgeborenen, verwöhnten Einzelkindern, rebellischen Jüngsten und kompromissbereiten Mittleren selbst in den Köpfen von studierten Krankenhausärztinnen und -ärzten herumgeistert, zeigt eine neuere Studie aus den USA.[150] Darin wurden 308 Krankenhausärzte gebeten, die psychische Entwicklung eines (fiktiven) Klienten einzuschätzen. Der erfundene Klient wurde im ebenfalls erfundenen Krankendossier so beschrieben, dass er unsicher sei, wie es mit seiner Laufbahn weitergehen solle – bewusst war keine pathologische Ausgangssituation gewählt worden. Je nachdem, ob der fiktive Klient als Einzelkind oder Geschwisterkind ausgegeben wurde, sagten die befragten Ärzte dem Klienten einen anderen Werdegang voraus.

Die Ärzte tendierten dazu, aufgrund weniger Eindrücke und Informationen – wie eben Birth order –, die sie in den ersten Minuten des Kennenlernens aufschnappten, schnell ein Urteil zu bilden. Das Bedenkliche daran war, dass sie nicht wirklich offen für die geschilderte gegenwärtige Situation des Klienten waren. Sie interpretierten die Details und Geschichten, die der Klient zu seiner momentanen Situation erzählte, in der Folge selektiv und auf dem Hintergrund ihres individuellen »Wissens« zur erwähnten Birth order. Passte etwas in der Erzählung des Klienten nicht in die Vorstellungen, die sie von seiner Position in der Familie hatten, wurde es als unwesentlich abgetan. Die »unveränderlichen« Charakteristika von Birth order werteten die Kliniker in ihrer Diagnose stärker als die aktuellen veränderlichen Aspekte der Familie des Klienten.

Auch in der Ausbildung der Ärzte wird laut Stewart auf zweifelhaftes Birth-order-Wissen Bezug genommen. Dieses bezeichnet Einzelkinder ausschließlich negativ: als verhätschelt, wenig autonom und unsicher aufgrund der elterlichen Überbehütung. Einzelkinder seien als Erwachsene verstärkt von anderen Personen abhängig. Diese

Diagnose klingt nach Schachter, der in den 1950er Jahren als einer der wichtigsten frühen Birth-order-Erforscher galt.[151] Einzelkinder lebten ein »Selbst-loses« Leben und seien besonders gefährdet für Drogenmissbrauch. »Alle Entwicklungsschritte, die in der Familie mit Trennung, Individuation und Autonomie zu tun haben, sollen für Einzelkinder eine Herausforderung beziehungsweise ein Problem darstellen«[152], ist die Überzeugung der Birth-order-Anhänger.

Einzelkinder aufgrund von Birth-order-Mutmaßungen von vornherein als Problemfall abzustempeln, das klingt wie ein Befund aus vergangenen Zeiten. Die Studie dazu stammt jedoch aus dem Jahr 2004.

Zusammenfassend lässt sich sagen: Im Einzelfall kann die Stellung, die jemand in der Geschwisterreihe einnimmt, durchaus bedeutsam sein. Es gibt Menschen, die sich ein Leben lang davon geprägt fühlen, dass sie als erstes, einziges, zweites oder letztes Kind in der Familie aufgewachsen sind. Aber Birth order bedeutet nicht für alle Menschen das Gleiche. Zu behaupten, Birth order präge alle Menschen stark, ist unzulässig. Die Psychologie ist heute überzeugt, dass ein Individuum vielen unterschiedlichen Einflüssen unterworfen ist, die je nach Typ sich unterschiedlich stark auswirken. So gibt es sowohl Einzelkinder, die die Geschwisterlosigkeit als prägenden Faktor in ihrem Leben empfinden, als auch Einzelkinder, die für sich persönlich über genügend soziale Kontakte und genügend eigene Interessen verfügen, sodass es sie weder beschäftigt noch belastet, ohne Geschwister aufzuwachsen.

Vorurteil 7
Einzelkinder sind selbstsüchtig

Einzelkinder sind selbstsüchtig und narzisstisch, heißt es. Das ist schnell dahingesagt. Bei genauerem Hinsehen ist es jedoch eine schwerwiegende Unterstellung. Denn pathologischer Narzissmus ist eine fundamentale Fehlentwicklung eines erwachsenen Menschen. Eine narzisstische Persönlichkeitsstörung haben Individuen dann, wenn sie »ein tiefgreifendes Muster von Großartigkeit aufweisen, das sich in der Phantasie oder im Verhalten ausdrückt«.[153] Gemäß der vierten Klassifikationsausgabe des Diagnostischen und Statistischen Handbuches Psychischer Störungen (kurz: DSM-IV), müssten mindestens fünf der folgenden neun Kriterien erfüllt sein, damit man erwachsene Einzelkinder zu Recht als krankhaft narzisstisch bezeichnen dürfte:

1. Die narzisstisch gestörte Person hat ein grandioses Gefühl der eigenen Wichtigkeit; übertreibt z. B. die eigenen Leistungen und Talente; erwartet, ohne entsprechende Leistungen als überlegen anerkannt zu werden.
2. Sie ist stark eingenommen von Phantasien von grenzenlosem Erfolg, Glanz, Macht, Schönheit, Scharfsinn oder idealer Liebe.
3. Sie glaubt von sich, »besonders« und einzigartig zu sein und nur von anderen besonderen Personen oder Institutionen verstanden zu werden oder nur mit diesen verkehren zu können.
4. Sie verlangt nach übermäßiger Bewunderung.
5. Sie legt ein Anspruchsdenken an den Tag, das heißt, sie hegt übertriebene Erwartungen an eine besonders bevorzugte Behandlung oder automatisches Eingehen auf die eigenen Erwartungen.

6. Sie ist in zwischenmenschlichen Beziehungen ausbeuterisch, zieht Nutzen aus anderen, um eigene Ziele zu erreichen.
7. Sie zeigt einen Mangel an Empathie: ist nicht willens, die Gefühle oder Bedürfnisse anderer zu erkennen oder sich mit ihnen zu identifizieren.
8. Sie ist häufig neidisch auf andere oder ist überzeugt, andere seien neidisch auf sie.
9. Sie zeigt arrogante, überhebliche Einstellungen und Verhaltensweisen.

Zwei der aufgelisteten Kriterien für eine narzisstische Persönlichkeitsstörung könnten teilweise auf *erwachsene* Einzelkinder zutreffen. Bei Kindern spricht man ohnehin nicht von narzisstischer Persönlichkeitsstörung; Persönlichkeitsstörungen lassen sich erst im Erwachsenenalter diagnostizieren (und sind selbst dann nicht unumstritten). Einige Einzelkinder sind innerlich überzeugt, besonders und einzigartig zu sein – allerdings im positiven Sinn: der einzige Nachwuchs von Eltern, der gewollt, gefördert und umsorgt wurde. Das bedeutet für diese Einzelkinder *nicht,* dass sie sich nur von anderen besonderen Personen verstanden fühlen und nur mit diesen verkehren wollen. Und zweitens: Einzelkinder erwarten tendenziell, dass man auf sie eingeht. Allerdings ist das eher eine Gewöhnung an den jahrelangen Normalfall, dass ihnen keine Geschwister die elterliche Aufmerksamkeit streitig gemacht haben, denn eine *übertriebene* Erwartung. Zwar stehen auch viele erwachsene Einzelkinder gerne im Mittelpunkt[154], doch nicht in einem krankhaften Ausmaß. Einzelkinder sind durchaus willens und fähig, mit anderen gleichberechtigte Freundschaften zu unterhalten. – Auch sonst sind Einzelkinder anders als pathologische Narzissten nicht ausbeuterisch, sie sind in der Lage, sich in andere einzufühlen, sind weder besonders neidisch auf andere noch hegen sie Allmachtsphantasien.

Einzelkinder haben auch *kein* übersteigertes Selbstwertgefühl. Sie schätzen ihre Persönlichkeit *nicht* höher ein, als Gleichaltrige sie einschätzen.[155] Sie brauchen auch nicht permanent Bestätigung von außen, sondern sind eher selbstgenügsam und selbstzentriert, können also gut mit sich selbst auskommen.

Forscher vermuteten bei Einzelkindern zwar immer wieder erhöhte Werte von pathologischem Narzissmus, was jedoch in Studien zu widersprüchlichen Befunden führte. Eine Untersuchung ergab bei Einzelkindern leicht erhöhte Narzissmus-Werte; sie basierte jedoch auf einer kleinen, nicht repräsentativen Gruppe von Einzelkindern. Eine andere, ebenfalls kleinere Narzissmus-Studie fand keine Unterschiede zwischen Einzelkindern und Geschwisterkindern.[156]

Im Allgemeinen gelten Einzelkinder auch nicht im pathologischen Sinn als narzisstisch, sondern als »normal« selbstsüchtig, als Individuen, die immer zuerst an sich denken.

Vor allem im bis vor wenigen Generationen noch kollektiv ausgerichteten China gilt selbstsüchtig als schwerwiegender Charakterfehler. Die Psychologinnen Dudley L. Poston und Toni Falbo wollten es Anfang der 1990er Jahre genauer wissen, ob chinesische Einzelkinder tatsächlich so selbstsüchtig waren, wie befürchtet wurde. Sie entwickelten über mehrere Jahre hinweg einen Persönlichkeitstest, der auf chinesische Verhältnisse zugeschnitten war. Damit wurden Schulkinder auf Eigenschaften hin getestet, die in China als erstrebenswert gelten – und das Gegenteil von selbstsüchtig sind. Dieser Text beinhaltet 32 Eigenschaften, einige Beispiele: »es ist ihm oder ihr nicht egal, was andere von ihm oder ihr denken«, »ist nicht selbstsüchtig«, »spürt Sympathie für andere«, »hilft anderen gerne«, »ist kooperativ«, »teilt gerne«, »ist bescheiden«, »respektiert Ältere« etc.

Als Resultat kam heraus, dass sich die Einzelkinder unter den Schulkindern in ihren Persönlichkeitsmerkmalen *nicht* von Geschwisterkindern unterschieden. Sie entwickelten ein durchschnittliches, »normales« Selbstverständnis.

Dieses Ergebnis widerspricht der gelegentlich gehörten Ansicht, dass Einzelkinder als Kleinkinder zu wenig »narzisstische Zufuhr« erhalten, um ein gutes Selbst-Verständnis zu entwickeln, weil sie keine Geschwister haben, die sie »narzisstisch nähren«, indem sie sie bewundern. Unter narzisstischer Zufuhr versteht man Lob, Bewunderung, Anerkennung und alle weiteren Arten aufbauender Worte und Taten, die Kleinkinder von ihren Eltern (und Geschwistern) brauchen, um ein gutes Selbstbewusstsein zu entwickeln.

Offenbar reichte den untersuchten chinesischen Einzelkindern die narzisstische Zufuhr der Eltern und es bedurfte nicht auch noch eines geschwisterlichen »Beitrages«. Die untersuchten Einzelkinder entwickelten, um es mit den Worten des Psychoanalytikers Heinz Kohut zu sagen, auch ohne Geschwister ein realistisches Selbst und damit einen »gesunden Narzissmus«.

Unter gesundem Narzissmus versteht Kohut das natürliche Streben des Menschen, sich mit seinem Selbst auseinanderzusetzen und sich ständig weiterzuentwickeln.[157] Kohut gilt neben dem Psychoanalytiker Otto Kernberg als *der* Experte für Narzissmus und prägte den Begriff des »gesunden Narzissmus« in den 1970er Jahren.

Wie gelungen sich das Selbst-Verständnis eines Kindes entwickelt, hängt laut Kohut von der Qualität der Beziehung ab, die die Mutter zu ihrem Säugling hat. Zu Beginn des Lebens fühlt sich der Säugling als eins mit der Mutter. Er beansprucht sie vollständig und entwickelt ein Größen-Selbst. Er hält sich selbst für wichtig und großartig – aber auch die Eltern sind für ihn vollkommen und stark idealisiert. Die Eltern können in seiner Vorstellung einfach alles und werden vom Kind als ein Teil von ihm selbst erlebt.

Mit dem Älterwerden erlebt das Kind nach und nach Frustrationen. Es realisiert mit der Zeit, dass die Eltern weder allmächtig sind noch einzig dazu da, seine Bedürfnisse zu befriedigen. Es merkt, dass sie eigene Interessen verfolgen, die sich von seinen Bedürfnissen unterscheiden. Und es realisiert, dass es selbst nicht alles kann, was es gern möchte. Nach und nach lernt das Kind die Umwelt und sich selbst realistischer einzuschätzen.

Problematisch wird es, wenn ein Kind schon als Säugling und Kleinkind in seinem Wunsch nach Bestätigung frustriert wird, indem ihm die Eltern zu wenig Liebe und Zuwendung zeigen. Kalte und abweisende Eltern können ein Kind nachhaltig verstören. Daraus kann sich, bis das Kind erwachsen ist, eine narzisstische Störung entwickeln. Das Kind bildet kein Selbst aus, das in einem gesunden und entwicklungsfördernden Ausmaß narzisstisch ist, sondern klammert sich an Vorstellungen des eigenen Selbst, die wie jene eines Kleinkindes übertrieben und realitätsfern sind. Narzisstisch gestörte Erwachsene sind nach Kohut auf einer Entwicklungsstufe stehengeblieben, die jedes Kind normalerweise durchläuft und hinter sich lässt.

Als Erwachsene sind narzisstisch gestörte Menschen nicht in der Lage, zu anderen eine Beziehung aufrechtzuerhalten. Sie ertragen keine Kritik und werden wütend, wenn die anderen eigene Wege gehen. Der narzisstisch gestörte Mensch erträgt es nicht, die Realität so zu akzeptieren, wie sie ist. Gleichzeitig ist er neidisch auf das »rea-

107

listische Leben« der anderen, die ihren Neigungen nachkommen dürfen und dadurch erfolgreich sind. Arroganz und Abwertung der anderen sind die Folge.

Haben Einzelkinder ähnlich wie narzisstisch gestörte Menschen mehr Mühe, sich in andere hineinzuversetzen und deren Ansichten und vielleicht auch kritischen Meinungen zu akzeptieren? Sind sie in der Lage, die frühkindlich aufgeblähte Vorstellung ihres Selbst hinter sich zu lassen und zu einer realistischen Einschätzung ihrer selbst zu gelangen? Eine Einzelkindstudie aus dem Jahre 1984[158] gibt dazu einige interessante Hinweise. Die Forscherin Catherine Cooper wollte wissen, welche Umstände Jugendliche darin bestärken, in der Pubertät in gesundem Maß die eigene Identität, die eigenen Vorlieben und Abneigungen zu erkunden. Gleichzeitig wollte sie herausfinden, was den Jugendlichen dabei hilft, die Perspektive von anderen einzunehmen und zu verstehen – zwei Entwicklungsaufgaben von Heranwachsenden, die ein »gesundes« Ausmaß an Narzissmus bedingen.

Cooper stellte fest, dass jugendliche Einzelkinder diesbezüglich nicht im Nachteil waren. Wichtig für die Entwicklung einer positiven eigenen Identität und des Verständnisses für andere war nicht das Vorhandensein von Geschwisterbeziehungen, sondern vor allem die Art und Weise, wie die Familienmitglieder miteinander kommunizierten.

In Familien, wo jeder seine Sicht der Dinge darlegte und die Sicht der anderen anhörte und bedachte, in denen sich die Familienmitglieder als verschiedene Identitäten verstanden, die sich miteinander verbunden fühlten, dort war die Fähigkeit der adoleszenten Jugendlichen am größten, eine Fremdperspektive einzunehmen und aktiv und differenziert nach der eigenen Identität zu suchen.

Sich in die Gedankenwelt von anderen einfühlen zu

können, war auch Geschwisterlosen möglich, sofern deren Eltern eine kooperative Kommunikation und Beziehung pflegten. Wichtig war ein Familienklima, in dem Meinungsverschiedenheiten die Beziehungen untereinander nicht bedrohten oder in Frage stellten. Die Jugendlichen aus solchen »idealen« Familien sahen sich in der glücklichen Lage, nicht zwischen streitenden Eltern vermitteln zu müssen. Sie lernten, ihre eigene Meinung präzise zu artikulieren, verstanden aber auch die Ansichten der anderen. Sie setzten sich mit Identitätsentwürfen auseinander, die sie selbst interessierten und die sich nicht mit den Erwartungen der Eltern decken mussten. Ihnen gelang es außerdem am besten, sich ohne Schuldgefühle von zu Hause zu lösen.[159]

Sobald die elterliche Beziehung konflikthaft oder allzu symbiotisch war, verfügten die Adoleszenten über viel weniger Möglichkeiten, verschiedene Wege auszuprobieren, um ihre eigene Identität zu erkunden. Bei schwierigen Elternbeziehungen tendierten die Jugendlichen dazu, eigene Aspekte zu verbergen, die zu zusätzlichen Spannungen in der Familie geführt hätten. Sie übernahmen eher eine vermittelnde Rolle zwischen Mutter und Vater und fühlten sich nicht frei, sich von zu Hause zu lösen und eigene Wege zu beschreiten.

Das Gleiche galt für Familien, in denen die Mitglieder ihre eigene Meinung nicht darlegen konnten, ohne die hochgehaltene Familieneinheit zu gefährden. In solchen Familien lernten die Adoleszenten weniger, eine eigene abweichende Meinung zu artikulieren und sich in Fremdperspektiven einzufühlen, und sie hatten mehr Mühe, eine eigene Identität zu entwickeln, die von den Meinungen der Eltern unabhängig war.

Zusammenfassend lässt sich sagen, dass Einzelkinder weder im pathologischen Sinn narzisstischer sind als Geschwisterkinder noch dem populären Vorurteil entsprechen, immer nur an sich selbst zu denken. Sie haben oft ein gutes, aber kein übersteigertes Selbstwertgefühl und sind nicht selbstsüchtiger als Geschwisterkinder.

Geschwisterlosigkeit ist kein Faktor, der zu pathologischem Narzissmus führt. Vielmehr kann eine Erziehung, bei der die Kinder schon in ganz jungen Jahren zu wenig Bestätigung und liebevolle Zuwendung erhalten haben, im Erwachsenenalter zu narzisstischen Persönlichkeitsstörungen führen. Auch kann ein Familienklima, das die einzelnen Familienmitglieder nicht als liebenswerte und eigenständige Individuen leben lässt, den jugendlichen Einzelkindern bei der Aufgabe zum Problem werden, eine selbstbestimmte Identität zu entwickeln und eine andere als die eigene Perspektive einnehmen zu können.

Hintergrund
Selbstbewusstsein – von Egozentrik bis Selbstwert

Selbstbewusstsein entwickelt sich im Vergleich mit anderen. Bei Geschwisterkindern geschieht dies vor allem im Vergleich mit dem Bruder oder der Schwester. Diese stehen in ihrer Entwicklung an einem ähnlichen Punkt, sind weder stark überlegen noch unterlegen und gelten deshalb als adäquate Vergleichspersonen. Doch wie entwickelt sich Selbstbewusstsein bei Einzelkindern?

Zwei Vermutungen liegen nahe. Zum einen: Einzelkinder haben ein übersteigertes Selbstbewusstsein. Sie sind zu sehr von sich selbst eingenommen, weil sie keine Geschwister haben, die sie relativieren und ihr Selbstbewusstsein in gesunden Grenzen halten. Zum andern wird gerade das Gegenteil vermutet: Einzelkinder weisen ein geringeres Selbstbewusstsein als Geschwisterkinder auf, weil sie als Vergleich nur die Eltern haben; diese sind erwachsen und in ihrer Entwicklung weit voraus, sodass Einzelkinder aus diesem Vergleich nur frustriert hervorgehen können, sie fühlen sich unterlegen und entwickeln Minderwertigkeitsgefühle.[160] Erwarten die Einzelkindeltern besonders viel von ihrem Nachwuchs, fällt der Vergleich des Kindes zwischen dem, was es ist, und dem, was sein sollte, noch krasser aus: das Selbstbewusstsein des Einzelkindes leidet bei allzu hohen Erwartungen noch mehr.

Welche Vermutung stimmt? Haben Einzelkinder eher ein aufgeblähtes Ego oder Minderwertigkeitsgefühle? Die Lösung heißt: weder noch. Einzelkinder haben ein ganz normales Selbstbewusstsein. Die theoretische Erklärung dazu lautet: Sie *vergleichen* sich nicht nur mit ihren »übermächtigen« Eltern, sie erhalten von diesen auch ungeteilte Zuwendung. Indem Einzelkinder häufig im Zentrum des elterlichen Interesses stehen, können sie ein Gefühl von Bedeutsamkeit entwickeln. Einige Einzelkinder bestätigen das explizit, indem sie von sich sagen, sie hätten tief in ihrem Innern das Gefühl, etwas Außergewöhnliches zu sein, etwas Einzigartiges. Das kann unter Umständen etwas eingebildet und überheblich wirken. Doch als Grundgefühl, das man für sich behält, kann diese innere Überzeugung, erwünscht und gefördert zu sein, angenehm selbstbewusst machen. »Wenn man das Gefühl hat, etwas Besonderes zu sein, kann das das Selbstvertrauen sehr stärken. Am hilfreichsten ist es, wenn dieses Gefühl eine innere, für andere nicht zu offensichtliche Überzeugung ist.«[161]

Einzelkinder vergleichen sich nicht nur mit den Eltern, sondern auch mit Gleichaltrigen. Das fängt schon in der Spielgruppe an und findet spätestens im Kindergarten ausgiebig statt: Wer kann schneller rennen, besser auf einem Bein hüpfen, das R richtig aussprechen, ohne Stützräder Fahrrad fahren etc.? Vieles zu können macht im Kindergartenalter stolz und stützt das Ego. Da sich die meisten Kindergartenkinder auf einem ähnlichen Entwicklungsstand befinden, besitzen sie auch ein vergleichbares Selbstbewusstsein. Diese These des Vergleichs mit Gleichaltrigen wird gestützt durch zahlreiche Studien, die bei Einzelkindern weder ein besseres noch ein minderes, sondern ein gleich gutes Selbstbewusstsein wie Geschwisterkinder gefunden haben.

Selbstbewusstsein gedeiht nicht ausschließlich im Vergleich mit anderen. Es gehört dazu auch die Kenntnis der inneren Wünsche und Bedürfnisse, der eigenen Stärken und Schwächen. Diese Selbsterkenntnis gewinnen Menschen nicht einzig im Umgang mit anderen, sondern auch in Phasen der Zurückgezogenheit, des Insichgehens. Schon bei kleinen Kindern kann man das beobachten, dass sie sich nach der Schule oder dem Kindergarten erst einmal in ihr Zimmer zurückziehen, um das Erlebte zu »verdauen«. Der britische Psychotherapeut Anthony Storr beschreibt diesen Prozess der Selbstentdeckung so: »Die Fähigkeit, allein sein zu können, verbindet sich so mit der Entdeckung des eigenen Ich, mit Selbstverwirklichung, mit einem Bewusstwerden der eigenen tiefinnersten Bedürfnisse, Gefühle und Impulse.«[162] Die meisten Einzelkinder sind sehr gut darin, sich mit sich selbst zu beschäftigen. So ist es nicht verwunderlich, dass viele erwachsene Einzelkinder ihre Stärken und Schwächen gut kennen und auch wissen, wo sie in schwierigen Phasen Kraft und Unterstützung erhalten.[163]

Psychologen in den 1960er Jahren[164] waren überzeugt, dass es auf die Mutter-Säugling-Beziehung ankommt, wie sehr ein Individuum mit Urvertrauen in die eigene Stärke an das Leben herangeht. Sollte diese Prägung durch die Mutter tatsächlich so stark sein, hätten Einzelkinder diesbezüglich einen Vorteil, denn sie erfahren in den ersten Lebensmonaten meist eine besonders zugewandte Mutter, die sich schnell und liebevoll um die Befriedigung der Bedürfnisse des Säuglings kümmert.

Aber auch wenn die Primärbeziehung Mutter–Säugling nicht ganz so lebensbestimmend sein sollte und noch weitere Faktoren dazu beitragen, wie selbstbewusst Kinder im Laufe der Jahre werden (wofür vieles spricht), so zeigt ein anderes Studienergebnis, dass auch in diesem Fall kein Grund zur Sorge besteht: Die absolute Mehrheit der Kinder – unabhängig, ob Einzelkind oder Geschwisterkind – entwickelt ein positives bis sehr positives Selbstbild: 99,7 % (!) der Acht- bis Neunjährigen sagen von sich, ein gutes Bild von sich zu haben.[165]

Einzelkinder und Geschwisterkinder entwickeln ein gleich großes Selbstvertrauen und ein gleich gutes Lebensgefühl, stellten Venhoven & Verkuyten 1989 fest.[166] Dabei spielte es keine Rolle, welchen beruflichen Status der Vater aufwies, ob er Bankdirektor oder Angestellter war. Kinder aus großbürgerlichem Umfeld waren nicht zufriedener als andere. Erstaunlicherweise hatte auch die Scheidung der Eltern keinen Einfluss auf das Wohlbefinden. Einzelkinder, deren Eltern geschieden waren, fühlten sich nicht weniger wohl.

Hingegen minderte die Arbeitslosigkeit des Vaters die Lebensqualität; Einzelkind-Mädchen, deren Väter arbeitslos waren, fühlten sich eher deprimiert (anders Geschwisterkinder, die sich durch die Arbeitslosigkeit des Vaters nicht beeinträchtigt fühlten). Vorteilhaft wirkte sich die Erwerbstätigkeit der Mutter aus: Einzelkind-Mädchen mit arbeitenden Müttern waren zufriedener mit ihrem Leben.[167]

Einzelkinder haben weder ein aufgeblähtes Ego noch versinken sie in Minderwertigkeitsgefühlen. Ihre Persönlichkeit entwickelt sich in der Regel absolut vergleichbar mit jener von Geschwisterkindern.[168] In dem, was ihnen wichtig ist (ideales Selbstkonzept), findet sich gar kein Unterschied zu den Geschwisterkindern. In dem, was sie glauben, wie die anderen sie sehen (soziales Selbstkonzept), gibt es eine leichte Tendenz des Einzelkindes, sich als unsportlich und etwas weniger beliebt bei Gleichaltrigen zu empfinden. In dem, wie sie sich selbst einschätzen (reales Selbstkonzept), findet sich eine klare, aber schwer erklärbare Neigung des Einzelkindes, mit dem eigenen Aussehen unzufrieden zu sein.

In *einem* Punkt sind Einzelkinder leicht im Vorteil: Sie beschreiben ihre Persönlichkeit weniger geschlechtsrollen-stereotyp, das heißt, sie weisen sich flexibler sowohl weibliche als auch männliche Eigenschaften zu.[169]

Vorurteil 8
Einzelkinder sind psychisch angeschlagen und moralisch unterentwickelt

Früher war man sich einig, dass eigentlich alle Einzelkinder psychisch angeschlagen seien. Irgendein Knacks oder Tick schien einfach zu ihnen zu gehören. Sie galten zwar nicht als Psychopathen, das nicht, aber psychische Gesundheit und Widerstandsfähigkeit mochte man ihnen auch nicht zugestehen. »Die Beschreibungen des Temperaments von Einzelkindern sind sehr variantenreich«, notierte Bohannon 1898 in der ersten bekannten Einzelkindstudie, »doch in 133 Fällen [von insgesamt 258 Fällen] werden sie mit nervös beschrieben. Sonst wurde keine andere Eigenschaft häufiger als 42-mal notiert.«[170] – Nervös sollen sie also gewesen sein, die Einzelkinder vor 110 Jahren. Wie sich diese Nervosität äußerte, ob die Einzelkinder nicht stillsitzen konnten oder ob sie schnell die Nerven verloren, wird leider nicht weiter ausgeführt.

Bohannons Pauschalurteile, die auf subjektiven Einschätzungen von Personen basierten, die gegenüber Einzelkindern ohnehin Bedenken hegten, wurden immer wieder aufgegriffen. Eva Neal von der Los Angeles Child Guidance Demonstration Clinic zum Beispiel bezog sich in ihrem Beitrag 1927 auf Bohannon beziehungsweise dessen akademischen Mentor, G. Stanley Hall: »Eltern eines Einzelkindes müssen mit der Möglichkeit rechnen, dass ihr Kind eher ein spezielles Problem aufweisen wird als ein Kind aus einer großen Familie. Ein angesehener Psychologe, Dr. G. Stanley Hall, bezog sich auf diesen Punkt, als er sagte: Ein Einzelkind zu sein, ist an sich eine Krankheit.«[171]

1928 wagte ein Fachkollege Kritik an diesen pauschalen Urteilen über Einzelkinder: Norman Fenton vom California Bureau of Juvenile Research bezeichnete die negativen Pauschalisierungen als unfair. »Diese A-priori-Urteile sind unfair gegenüber solchen Kindern, denn Einzelkinder sind nur geringfügig anfälliger dafür, eigenartig und nervös zu werden – wenn überhaupt.«[172] Fentons eigene Studien mit Schulkindern und Universitätsstudenten zeigten nämlich nur einen geringen Unterschied in der Persönlichkeit von Einzelkindern und Geschwisterkindern. Er untersuchte die Charaktereigenschaften »Selbstvertrauen, Angriffslust, Geselligkeit, Wahrheitsliebe, Freigebigkeit, Heiterkeit, Erregbarkeit, Beständigkeit des Gefühls, Aufmerksamkeit, Bescheidenheit und Unternehmungslust« – in diesen Eigenschaften stimmten die untersuchten Einzelkinder schon vor 80 Jahren zu 73–92 % mit Geschwisterkindern überein.

Dass sich Einzelkinder in ihrer Persönlichkeit nicht wesentlich von Geschwisterkindern unterscheiden, fand 50 Jahre später auch der Schweizer Psychiater Jules Angst heraus. Er erklärte sich frühe Negativbefunde damit, dass Wissenschaftler, die vor 1945 Einzelkindstudien durchgeführt hatten, eben davon ausgegangen wären, dass Ein-Kind-Familien etwas »Anormales« seien; daraus hätten die Forscher geschlossen, dass die charakterliche Entwicklung von Einzelkindern mit hoher Wahrscheinlichkeit negativ verlaufen werde, dass Einzelkinder egozentrisch, unglücklich und anfälliger für psychiatrische Störungen würden.

Angst führte in den 1970er Jahren eine eigene repräsentative Untersuchung mit fast 8000 jungen Erwachsenen durch. Darin entdeckte der Psychiater *keinen* Zusammenhang zwischen Birth order und dem Risiko, eine psychiatrische Behandlung zu benötigen. Die Anzahl Geschwister, ob keines oder mehrere, wirkte sich nicht auf die Neurotizität aus.[173] Einzelkinder waren nicht neurotischer als andere. Wobei unter neurotisch folgende Gefühlslagen subsumiert wurden: nervös, aggressiv, depressiv und reizbar.

Die Beziehung der Eltern zu den Kindern hingegen hatte einen großen Einfluss auf die psychische Entwicklung der Einzelkinder. Eine neue Studie bestätigt das für Vorschulkinder in Montreal, Kanada.[174] Psychisch gestört waren vor allem jene Kinder, deren Eltern sich ihnen gegenüber abweisend und unfreundlich, dauernd ungeduldig, stur und verbissen, vernachlässigend oder überbehütend verhielten. Neurotische Züge wiesen auch eher Kinder auf, die entweder sehr gut oder sehr schlecht in der Schule waren oder die nicht bei den Eltern aufwuchsen.

Chinesische Einzelkindstudien gehen noch heute gelegentlich davon aus, dass Einzelkinder Charakterdefizite aufweisen. Einige formulieren ihre Befunde schon fast tendenziös negativ. Zum Beispiel Wu und Tang[175] in ihrer Studie zur Moral von Kindern: Sie untersuchten in der zentralchinesischen Stadt Hefei 204 Kinder zwischen vier und 14 Jahren, die mit Geschwistern, und 204 Kinder, die ohne Geschwister aufwuchsen. Außerdem wählten sie nach dem Zufallsprinzip 1626 Einzelkinder und 674 Geschwisterkinder aus. Die Kinder hatten drei Persönlichkeitstests zu absolvieren, in denen vor allem ihr moralisches Empfinden geprüft wurde. Darüber hinaus hatten die Eltern und die Lehrer die Kinder einzuschätzen, wie tugendhaft und moralisch diese seien.

Es stellte sich heraus, dass die Eltern ihre Kinder negativer einstuften, als die Lehrer das taten. Die Lehrer sahen keine Unterschiede in der Moral der Einzel- und der Geschwisterkinder. Daraus könnte man Verschiedenes schlussfolgern. Das Autorenduo Wu und Tang verkürzte die Befunde auf den lapidaren Satz: »Kinder aus Ein-Kind-Familien sind launisch, ihre moralischen Probleme sind offensichtlicher in der Familie als in der Schule.«[176] Diese tendenziöse Zusammenfassung der Studienresultate lässt den positiven Befund unberücksichtigt (dass die Lehrer keinen Unterschied sahen) und behauptet, dass Einzelkinder moralische Probleme hätten – die sich in der Schule halt weniger zeigten als zu Hause. (Der zweite positive Befund, dass Einzelkinder extrovertierter sind als Geschwisterkinder, bleibt ebenfalls unerwähnt.)

Auf dem Hintergrund der großen gesellschaftlichen Veränderungen, von denen China seit der Einführung der Ein-Kind-Politik 1979 betroffen ist, lassen sich die Studienresultate von Wu und Tang auch anders interpretieren: Für die Eltern der untersuchten Kinder galten noch Tugenden wie Gemeinschaftssinn und Ehrfurcht vor den Älteren als erstrebenswert; für die Kinder sind es Loyalität zu den Eltern, Zielstrebigkeit und ein möglichst hoher Verdienst. Eine mögliche Interpretation der Studienergebnisse könnte deshalb auch darin bestehen, dass Einzelkinder sich bei Mutter und Vater eher gegen die hohen Ansprüche zu wehren getrauen, während sie sich in der Schule eher anpassen. Die Mehrheit der Einzelkinder wird es nicht an die Spitze schaffen, sosehr sie sich auch bemüht, weil es nicht für alle Spitzenpositionen gibt. Aus westlicher Sicht ist es verständlich, dass sich die betroffenen Jugendlichen gegen die überfordernden Ansprüche auflehnen. Aus chinesischer Sicht gelten sie zu Hause schnell als undankbar und »unmoralisch«. Sich selbst schätzen Einzelkinder »moralisch« gleich integer ein wie Geschwisterkinder.[177]

Mit der Jahrtausendwende ist die erste Generation staatlich verordneter chinesischer Einzelkinder volljährig geworden und die zweite Generation wächst heran. Ihre Persönlichkeit und vor allem ihre psychische Verfassung interessieren nach wie vor viele Forscherinnen und Forscher.[178] Ab 2000 steigt die Zahl der in China durchgeführten Einzelkindstudien markant an. Die Untersuchungen beschäftigen sich – um ein paar Beispiele zu nennen – mit der (schlechten) psychischen Verfassung von städtischen im Vergleich zu ländlichen Einzelkindern auf weiterführenden Schulen, mit der Schüchternheit von Grundschülern, dem Temperament von Neun- bis Zwölfjährigen in Peking, dem Einfluss der elterlichen Erziehung auf die Persönlichkeitsmerkmale von Einzelkindern in der Adoleszenz oder mit der erhöhten Ängstlichkeit und Einsamkeit von Schülerinnen und Schülern auf dem Lande, die dort eine weiterführende Schule besuchen.

Die Studienresultate zeichnen ein völlig widersprüchliches Bild von der psychischen Verfassung chinesischer Einzelkinder. Mal schneiden diese gut, mal gleich, mal schlechter ab als Geschwisterkinder.

Glücklicherweise gibt es eine neuere Metastudie, die sämtliche chinesischen Studien der letzten 20 Jahre untersuchte. Sie gibt im Wirrwarr der unterschiedlichen Resultate eine Orientierungshilfe und tendiert auf die positive Seite: »Auf die Frage, ob Einzelkinder eine besondere Persönlichkeit entwickeln, gibt es keine einstimmige Antwort; die Forschungsresultate variieren je nach Forscher. Im Allgemeinen lässt sich jedoch kein widerspruchsfreier Unterschied in der Persönlichkeit von Einzelkindern und Geschwisterkindern finden. Die Meinung, dass Einzelkinder Problemkinder seien, ist unbegründet.«[179]

Neuere westliche Autoren wie der deutsche Familienforscher Hartmut Kasten haben gegenüber der psychischen Verfassung von Einzelkindern keinerlei Bedenken. »Wissenschaftlich belegt ist (...), dass Einzelkinder in seelischer und körperlicher Hinsicht genauso belastbar sind wie Geschwisterkinder. Wenn Einzelkinder einmal häufiger bei Ärzten und in Kliniken vorstellig werden, dann liegt das nicht an ihrer labileren und anfälligeren gesundheitlichen Verfassung, sondern an der fürsorglichen und behütenden Haltung der Eltern.«[180]

Einzelkinder werden wie alle Menschen auch nicht vom Leben verschont. Ihnen widerfahren Unbill und Ungerechtigkeiten wie anderen auch. Sie sind deswegen aber nicht missmutiger und verärgerter als Geschwisterkinder.[181] Und auch nicht ängstlicher oder depressiver.[182]

Es gibt sogar eine Studie, die von Einzelkindern (und Erstgeborenen) sagt, diese seien eher resilient.[183] Das heißt, sie bleiben auch unter stark belastenden Umständen psychisch gesund.

Hintergrund

Chinas Ein-Kind-Politik – hohe Ziele, hoher Preis

In China spielt sich seit bald 30 Jahren das größte familien-
politische Experiment der Welt ab: 1979 versuchte die
Regierung die Bevölkerung mit großem Propagandaauf-
wand und einem Bonus-/Malus-System zu überzeugen,
jegliche finanzielle Zuwendung nur noch in *ein* Kind pro
Paar zu investieren statt wie bisher in rund sechs Kinder.
1970, als China die Geburtenkontrolle intensivierte, waren 5,8 Kinder pro Frau die Regel. 1980, zwei Jahre nach
Inkraftsetzen der Ein-Kind-Politik, waren es nur noch 2,3
Kinder pro Frau. Die Eltern der Einzelkinder waren noch
in über 80 % der Fälle mit mindestens drei Geschwistern
aufgewachsen.[184] In den großen und wirtschaftlich entwi-
ckelteren Städten im Osten des Landes griff die Ein-Kind-
Politik gut, dort ist die Mehrheit der Kinder geschwister-
los. Bereits 1985 waren gemäß Poston und Falbo in Peking
86 % und in Shanghai 91 % der Kinder Einzelkinder.[185]
Auf dem Land, wo rund 60 % der Bevölkerung Chinas
leben und viele Familien Landwirtschaft betreiben, hat
sich die Ein-Kind-Politik nicht durchsetzen können, dort
sind zwei und mehr Kinder die Regel.

Wie viele Einzelkinder es unter den 1,3 Milliarden Chinesen gibt, lässt sich nicht genau sagen. Aufgrund folgender
Überlegungen kommt man auf schätzungsweise 17 % Einzelkinder: In den großen Städten Chinas sind bis zu 90 %
der Kinder Einzelkinder, In den mittleren und kleinen
Städten gibt es viel weniger Einzelkinder, und auf dem
Land sind Einzelkinder in der Minderheit. Da auf dem
Land rund 60 % aller Chinesen wohnen und in den Städten
rund 40 %, ergibt sich für Gesamtchina ein Durchschnitts-
wert von einem Sechstel Einzelkinder (ca. 17 %) – das
sind wohlgemerkt Schätzungen, gesicherte Zahlen gibt es

nicht. – Eine Website spricht von 60 Millionen Einzelkindern bei den insgesamt 365 Millionen Familien des Landes, was ebenfalls rund ein Sechstel ist.[186]

In diesem Hintergrundkapitel geht es ausschließlich um chinesische Einzelkinder. Mit welchen Problemen sehen sie und ihre Eltern sich konfrontiert? Wie werden Einzelkinder wahrgenommen? Diese Fragen sind nicht nur für die chinesische Gesellschaft, sondern auch für den Westen interessant, wo die Geburtenrate zwar langsamer gesunken, die Besorgnis über die zahlreichen Einzelkinder jedoch ähnlich ausgeprägt ist.

Natürlich unterscheidet sich die chinesische Gesellschaft in zahlreichen Punkten von westlichen Gesellschaften. Deren Gepflogenheiten lassen sich nicht eins zu eins auf hiesige Verhältnisse übertragen. Doch ist das auch gar nicht nötig. Der Blick auf eine fremde Kultur ist an sich schon interessant, denn er schärft immer auch die Sicht auf die eigene Kultur.

Allerdings ist es relativ schwierig, an relevante Daten zu kommen. Nur wenige chinesische Studien wurden auf Englisch übersetzt und in westlichen Fachpublikationen veröffentlicht. Viele sind nur auf Chinesisch erhältlich, von anderen existiert einzig eine kurze Zusammenfassung auf Englisch *(abstract)*. Glücklicherweise gibt es auch Untersuchungen, die ausländische Forscher in China durchführten. Diese können am besten verortet werden und sind vermutlich am unabhängigsten von politischen Sachzwängen entstanden. Deshalb beziehe ich mich in diesem Kapitel vor allem auf Letztere. Genauer: auf eine hervorragende Untersuchung der Harvard-Wissenschaftlerin Vanessa L. Fong. In ihrer Studie geht es um die Atmosphäre und die Bedingungen, unter denen Einzelkinder in China groß werden, und wie ihr Alltag, ihre Träume und Ziele aussehen.

121

Vanessa L. Fong ist gebürtige Taiwanesin, ihre Familie siedelte in die USA über, als sie drei Jahre alt war. Fong wurde Anthropologin und Ethnologin und setzte ihren Vorteil, dass sie sowohl Chinesisch als auch Englisch beherrschte, für ihre Doktorarbeit an der Stanford-Universität ein. Sie führte eine teilnehmende Beobachtung in Schulen und Haushalten der nordöstlichen chinesischen Hafenstadt Dalian durch.

Um einheimische Familien näher kennenzulernen, bot sie Schülerinnen und Schülern unentgeltlich Englisch-Nachhilfestunden an – was überaus gefragt war. So erhielt sie Einblick in das Zuhause von über hundert 13- bis 20-jährigen Einzelkindern und deren Eltern. Ihre Beobachtungen schrieb sie in ein Notizbuch. Teilweise notierte sie während oder nach den Englisch-Lektionen ganze Szenen und Dialoge, die sich zwischen Einzelkind und Eltern abgespielt hatten. Daraus vermochte sie ein anschauliches und lebhaftes Bild zu zeichnen, mit welchen Problemen Jugendliche von heute in China konfrontiert sind, was ihre Wünsche und Ziele sind und was die Hoffnungen der Eltern. Sie veröffentlichte ihre Erkenntnisse in einem lesenswerten Buch: »Only Hope: Coming of Age Under China's One-Child Policy«. (Einzige Hoffnung: Chinas staatlich verordnete Einzelkinder werden erwachsen.)[187]

Die Wünsche und Ziele chinesischer Jugendlicher ähneln jenen von westlichen Teenagern: Sie wollen ein Zimmer für sich, modische Kleider, westliche Markenartikel und Statussymbole, Fastfood, Spaß, mit Gleichaltrigen zusammen sein und möglichst wenig Verpflichtungen im Haushalt. Viele davon erfüllen ihnen ihre Eltern. Die meisten Mütter und Väter investieren den letzten Yen in ihren einzigen Nachwuchs, sparen häufig an den eigenen Mahlzeiten, um ihrem Kind ein ausgewogenes Essen zu servieren, stellen gelegentlich gar die eigene Gesundheit hintan und machen notfalls auch Schulden, um ihrem Kind die bestmögliche Ausbildung zu finanzieren.

Dafür werden Müßiggang und mit Freunden herumzualbern nicht gern gesehen. Dazu ist die Lebensaufgabe der Einzelkinder zu verantwortungsvoll. Chinesische Einzelkinder müssen dreifach reüssieren: Sie müssen sich selbst und ihre künftige Familie durchbringen, sie müssen den eigenen Eltern den Lebensabend finanzieren, und sie haben einen übergeordneten gesellschaftlichen Auftrag zu erfüllen: China aus dem Status eines Entwicklungslandes hinauszuführen und zu einem Teil der Ersten Welt zu machen. Hohe Ziele, die mit enormem sozialem Druck verbunden sind.

Für die Teenager äußern sich diese Erwartungen im Alltag insbesondere in der Forderung der Eltern und Lehrer, jede Minute zu lernen. Das Ziel, das die Eltern ihren Einzelkindern vor Augen halten, ist bei allen gleich: Die Jugendlichen sollen in der Mittelschule büffeln, um es später auf eine möglichst angesehene Universität zu schaffen.[188]

Die Schüler sollen einen Auslandsaufenthalt im Westen anstreben – des Renommees und der Sprache wegen am besten in den USA. Wer es dorthin schafft und mit den entsprechenden Englischkenntnissen zurückkehrt, hat gute Chancen, in China einen prestigeträchtigen Posten mit einem überdurchschnittlichen Gehalt zu ergattern. (Laut Fong nehmen 88 % der Jugendlichen Englisch-Privatunterricht.) Die chinesischen Teenager träumen davon, in den Kader aufzusteigen, Manager, Intellektuelle oder höhere Angestellte zu werden und das große Geld zu machen. Gut bezahlte Arbeitsplätze gibt es im Handel und im Finanz- und Technologiebereich.

Mit dem stolzen Einkommen haben die Einzelkinder die Eltern für deren Aufopferung zu entschädigen, indem sie ihnen den Lebensabend »vergolden«. Wer das alles nicht schafft – und das ist in jedem ehemals kommunistischen Land, das sich der Modernisierung und dem Kapitalismus öffnet, die Mehrheit –, der versagt in China gleich dreimal: sich selbst, den Eltern und dem Staat gegenüber.

Einzelkinder sollen »qualitativ hochstehende Menschen« werden. Immer wieder hat die chinesische Regierung diesen Begriff ins Spiel gebracht. So lange, dass Einzelkinder ihn mittlerweile verinnerlicht haben und sich als »Elite« verstehen. Dieses übertriebene Selbstverständnis wird den Einzelkindern in anderem Zusammenhang wieder vorgeworfen. Einzelkinder gelten für chinesische Verhältnisse als extrem verwöhnt und als egozentrisch. Man sagt von ihnen, sie seien wie die Sonne, um die sich das ganze Familienleben drehe. Oder sie seien wie *little emperors,* kleine Kaiser. Wie früher dem Kaiser, würden auch ihnen möglichst alle Hindernisse aus dem Weg geräumt, und gleichzeitig hätten Einzelkinder wie der Kaiser damals die Pflicht, dem Volk beziehungsweise den Eltern Ruhm und Wohlstand zu bringen.

Zwischen Eltern und jugendlichen Einzelkindern drehen sich die Diskussionen im Alltag vorwiegend darum, was alles erfüllt sein muss, damit sich die Einzelkinder optimal entwickeln können: ein eigenes Zimmer, gesundes Essen, permanenter Antrieb durch die Eltern und das Fernhalten von allem, was dem Studieren nicht förderlich ist. Mehr studieren, härter studieren und keine Sekunde etwas anderes tun als studieren, dafür setzen sich die meisten Eltern mit allem ein, was ihnen zur Verfügung steht. Nur schon den Abfall hinaustragen kann auf diesem Hintergrund als Zeitverschwendung betrachtet werden.

Die Einzelkinder, die im Bestreben, zu den »Qualitätsmenschen« zu gehören, aufgewachsen sind, empfinden ihre privilegierte Position in der Familie als hart erkämpft –

schließlich haben sie all ihre jugendliche Energie für den Erfolg einzusetzen. »Ich finde nicht, dass wir Einzelkinder verwöhnt sind«, umschreibt die 18-jährige Sun Pei ihre Situation, »wir werden gedrängt, es in angesehene Colleges zu schaffen, damit wir später gute Jobs haben und unsere Eltern im Alter unterstützen können, und zwar ganz alleine, ohne Geschwister, dazu brauchen wir sehr viel Geld! Deshalb nörgeln unsere Eltern dauernd an uns herum, wir würden nicht hart genug studieren, wir seien faul und verwöhnt. Doch wie sollen wir verwöhnt sein, wenn wir andauernd ausgeschimpft werden, dass wir zu wenig konsequent lernen?!«[189]

Der Wettbewerb unter den Familien um eine bessere Zukunft hat in den 1990er Jahren enorm zugenommen, die Familienwerte haben sich radikal geändert. Die meisten Großeltern waren noch bäuerliche Migranten, für die kollektives Denken und Sich-Einfügen in Familie und Gesellschaft im Vordergrund standen. Eine Generation später sind es egoistische Werte wie schulischer und beruflicher Erfolg und ein Einkommen, das für zwei Familien reicht, wonach die Familienmitglieder streben. Dieser rasante Wandel in der chinesischen städtischen Familienstruktur birgt eine Menge Konfliktpotenzial zwischen den Generationen in sich.

Fong war zwischen 1997 und 2002 insgesamt 27 Monate in China; ihre Erfahrungen fasst sie wie folgt zusammen: »Was am meisten zählt in heutigen chinesischen Städten, ist nicht, dass es so viele Einzelkinder gibt, sondern dass diese Einzelkinder in einer Gesellschaft leben, die an große Familien gewöhnt ist. Chinas Ein-Kind-Politik wurde gemacht, um eine Generation von ehrgeizigen, gebildeten Kindern zu schaffen, die ihr Land auf den Standard bringen, den die Erste Welt hat. Diese Strategie ist erfolgreich, sie hat jedoch ihren Preis.«[190] Den Preis zahlen die chinesischen Einzelkinder und ihre Eltern in Form von Stress, Unsicherheit, Versagens- und Zukunftsängsten.

Zahlreiche Eltern befürchten, ihr Kind könnte später einmal nicht so dankbar sein, wie es sollte, und ihnen ein »hartes Alter« bescheren. Problematisch wird es auch, wenn ein Elternteil arbeitslos wird und das Einkommen der Familie sinkt. Rund 25 % der befragten Mütter und 12 % der Väter verloren während der post-maoistischen Wirtschaftsreform ihren Job. Nicht selten fällt dann die Aufforderung an den Nachwuchs, »höchste Qualität« anzustreben, wegen mangelnder finanzieller Ressourcen in sich zusammen. Darüber hinaus wurde die Altersvorsorge insgesamt schlechter, medizinische Behandlungen und der Lebensunterhalt der alten Eltern gehen zu Lasten der Einzelkinder.[191]

Aber auch mittelständische Familien spüren den enormen Unterschied zwischen dem Lebensstandard, den sie durch ihr Kind anstreben, und ihren derzeitigen, vergleichsweise bescheidenen Verhältnissen. Messen sich chinesische Familien an westlichen Standards, sind selbst wohlhabende Familien »arm«: Weit über die Hälfte der befragten Familien hat keine Stereoanlage, keine Mikrowelle, kein Handy, keinen Computer, keine Klimaanlage, kein Auto und kein Moped.

Betrachten wir zum Schluss noch, wie sich chinesische Einzelkinder von westlichen unterscheiden. Dazu sind die Erfahrungen der US-amerikanischen Psychologin Toni Falbo, die in China mehrere Studien zu Einzelkindern durchgeführt hat, aufschlussreich. Während ihres Aufenthalts in China hat Falbo erfahren, dass die chinesische Gesellschaft ähnlich über Einzelkinder denkt wie die westliche. Aber es gibt auch ein paar Unterschiede: »Manche der typischen Charaktereigenschaften von Einzelkindern wie zum Beispiel Selbständigkeit halten wir für positiv. Bei den Chinesen gelten sie als negativ.«[192] Dieser Unterschied schlägt sich auch in den pädagogischen Ausrichtungen des westlichen und des chinesischen Schulsystems nieder: Im Westen gilt es als erstrebenswert, selbständig Fragestellungen zu entwickeln und Lösungswege zu suchen. In chinesischen Schulen ist das Auswendiglernen und Pauken verbreitet: Chinas prüfungsorientiertes Ausbildungssystem bringt derzeit noch vor allem junge Leute hervor, »die gut auswendig lernen können, aber nicht selbst initiativ sind«, so Zhu Dake, Professor für Kulturkritik an der Tongji-Universität in Shanghai und Ko-Autor des chinesischen Kulturatlas des 21. Jahrhunderts.[193]

Chinesische Einzelkinder verstoßen auch eher gegen gesellschaftliche Verhaltensnormen als amerikanische Einzelkinder, beobachtete Falbo:»Lehrer und Funktionäre in China sind beunruhigt, wenn Einzelkinder tun, was sie wollen, wenn sie weinerlicher und nicht selbstbeherrscht sind. In den USA ist zum Beispiel Egoismus etwas durchaus Positives. Das Verhalten der chinesischen Einzelkinder wäre bei uns ganz normal.«[194]

Auch die elterliche Wertschätzung von Einzelkindern drückt sich in Ost und West ganz unterschiedlich aus. Das liegt daran, dass Einzelkinder in der Familie verschiedene Funktionen zu erfüllen haben: Chinesische Einzelkinder sind für die ökonomische Zukunft der Eltern äußerst wertvoll, der emotionale Bezug der Eltern zu ihrem Nachwuchs hat sich dem unterzuordnen. Der Spielraum, eine eigene, von den Eltern unabhängige Identität zu entwickeln, ist für chinesische Einzelkinder klein. Undankbare und lernmüde Einzelkinder bringen chinesischen Eltern nicht nur persönlichen Stress, sondern sie schaden ihren Verwandten langfristig auch existenziell, indem sie als Finanzierer der Altersvorsorge ausfallen.

Anders im Westen. Hier sind Einzelkinder wirtschaftlich gesehen zwar günstiger als mehrere Kinder, aber auch sie sind ein Verlustgeschäft für die Eltern. Regelmäßig werden hierzulande in den Medien die Kosten aufgelistet, die das Aufziehen von Kindern mit sich bringt. Diese Kosten haben sich in den letzten Jahren drastisch erhöht, sodass in einigen Ländern wie zum Beispiel der Schweiz die pensionierten Eltern derzeit finanziell besser dastehen als deren erwachsene und erwerbstätige Kinder mit Nachwuchs. Von den Rentnerinnen und Rentnern in der Schweiz gelten nur 6 % als arm, laut einer Studie der Universität Genf.[195] Emotional jedoch sind Kinder im Westen von hohem Wert und unbezahlbar. Seitdem die Scheidungsrate besonders in den Städten so gestiegen ist, ist die Beziehung zu den Kindern oftmals die Einzige in der Familie, die Bestand hat.

Gemeinsam ist kleinen Familien in Ost und West, was man sich von ihnen gesellschaftlich verspricht: Die sinkenden Geburtenraten sollen es ermöglichen, nationale Ziele wie eine gute Ausbildung für alle und technologische Wettbewerbsfähigkeit für das ganze Land zu erreichen und zu erhalten.[196] In den USA fand diese Entwicklung bereits ab Mitte der 1960er Jahre, nach dem Babyboom, statt. In China wurde sie 15 Jahre später, 1979, von der Regierung mit dem gleichen Ziel initiiert.

Defizite im Umgang mit anderen?

In den folgenden Kapiteln geht es um vermeintliche Du-Defizite von Einzelkindern. Unter Du-Defiziten verstehe ich fehlende soziale Kompetenzen, die benötigt werden, damit ein Individuum zufriedenstellende Beziehungen zu anderen Individuen aufbauen und unterhalten kann. Der Fokus liegt also auf den sozialen Fähigkeiten, die *Zweierbeziehungen* bedingen (im Gegensatz zu Gruppenkompetenzen, die im nächsten Block behandelt werden).

Die Kapitel beschäftigen sich mit den entsprechenden Vorurteilen gegenüber Einzelkindern: Einzelkinder sind eingebildet, liebesunfähig und können nicht streiten.

Bei den Vorurteilen, die auf fehlende Du-Kompetenzen abzielen, fällt auf, dass *ein* Stereotyp, das alt und sehr verbreitet ist, wissenschaftlich nicht untersucht wurde (weshalb es hier auch nicht behandelt wird): die Unterstellung, Einzelkinder könnten nicht teilen. Einzig eine sehr frühe Arbeit von 1928 beschäftigt sich damit, jedoch nur am Rande, unter dem Stichwort »Freigebigkeit«[197], die als eine von mehreren Charaktereigenschaften erforscht wurde.

Das Vorurteil *liebesunfähig* ist eine der stärksten Unterstellungen, die man Einzelkindern gegenüber macht. Es blickt auf keine wissenschaftliche Geschichte zurück, sondern wurde in jüngerer Vergangenheit von einem zeitgenössischen Buchautor, dem Psychotherapeuten und Fernseh-Psychologen Ulrich Beer, in die Welt gesetzt. Weil

Beers Unterstellung Einzelkinder so fundamental angreift, beschäftigen wir uns damit. In der Wissenschaft wurde die »Liebesfähigkeit« indirekt über die »Ehe-Tauglichkeit« beziehungsweise -Untauglichkeit von Einzelkindern untersucht.

Das Vorurteil *Einzelkinder können nicht streiten* hingegen ist ein Klassiker. Ihm gebührt eine ausführliche Auseinandersetzung, denn Konfliktfähigkeit bildet die Grundvoraussetzung für vieles – zum Beispiel dafür, dass ein Individuum die Tücken des Alltags meistert, seine Paarbeziehung Bestand hat und seine Freundschaften über Jahrzehnte halten. Wenn Einzelkinder tatsächlich konfliktunfähig wären, dann müssten sie in sehr vielen wesentlichen Bereichen Probleme haben.

Der erste Eindruck ist oft entscheidend, ob sich zwei Individuen näher aufeinander einlassen oder nicht. Einzelkindern sagt man bisweilen nach, sie wirkten nicht besonders zugänglich, sondern *eingebildet*. Das Vorurteil hört man heute nur mehr selten, bis in die 1980er Jahre war es jedoch verbreitet. Es gibt dazu eine bemerkenswerte These, die es lohnt, genauer anzuschauen: Sie besagt, dass die Mitglieder von Großfamilien Einzelkinder als eingebildet empfänden, weil sie auf die vielen Vorzüge von Kleinfamilien neidisch seien.

Psychologinnen und Psychologen waren lange Zeit überzeugt, dass nur jene Kinder genügend Du-Kompetenzen entwickeln, die sich in der Kindheit tagtäglich mit Geschwistern darin üben. Geschwisterbeziehungen gelten noch heute als die wichtigste Spielwiese, wo Kinder die Regeln lernen, wie man mit Gleichaltrigen auskommt. Einzelkinder können diese Regeln nur mit Bekannten und Freunden erfahren, und in den allermeisten Fällen nicht so intensiv wie Geschwister untereinander.

Entwickeln Einzelkinder deswegen Defizite im Umgang

mit Gleichaltrigen? Oder können Freundschaften ihnen die fehlenden Geschwisterbeziehungen ersetzen? Mit anderen Worten: Wie intensiv müssen in der Kindheit Du-Beziehungen sein, damit Einzelkinder daraus »fürs Leben lernen«? Darum wird es in den folgenden Hintergrundkapiteln gehen.

Vorurteil 9
Einzelkinder sind eingebildet

Die US-amerikanische Soziologin Judith Blake wagte 1989 eine provokante These: Einzelkinder wurden während des Babybooms als weniger sozial beziehungsweise als eingebildet empfunden, weil es Kleinfamilien besser ging als Großfamilien und weil Familien mit vier und mehr Kindern deswegen neidisch waren.

Blake führte aus, dass in Familien mit nur einem Kind ein Milieu herrschte, in dem die Privatsphäre hochgehalten wurde. Die Familienmitglieder genossen es, Zeit für sich zu haben, und gingen intellektuell anspruchsvollen Freizeitbeschäftigungen nach: Lesen, Musik hören, ein Instrument spielen, Radio hören oder spielen.[198] Das seien zwar alles intellektuelle und einzelgängerische Tätigkeiten, argumentierte Blake weiter, doch daraus eine mindere soziale Kompetenz bei Einzelkindern ableiten zu wollen, wie es damals die Tendenz war, verkenne die Situation. Einzelkinder passten sich zu jener Zeit einfach dem intellektuellen Niveau ihrer gehobenen Mittelklasse-Eltern an.

Das Bild des privilegierten Einzelkindes, das »königlich autonom« agiert und in den Genuss zahlreicher Vorzugsbehandlungen kommt wie Reisen ins Ausland, Musik- und Tanzstunden, sei zwischen 1946 und 1964 während der

Babyboom-Jahre in den USA verbreitet gewesen und habe bei Mitgliedern von Großfamilien Ressentiments hervorgerufen. Diese Reaktion liege eigentlich nahe, wenn man sich die unterschiedlichen Lebensrealitäten vergegenwärtige: In Familien mit vier und mehr Kindern hatten die Einzelnen kaum Zeit für sich selbst, sie hatten sich permanent den Bedürfnissen der anderen anzupassen. Vor allem in Bereichen, die über das Lebensnotwendige hinausgingen, mussten sich Eltern wie Kinder einschränken, weil die finanziellen Mittel knapp waren.

Einzelkinder hingegen und Kinder mit einem oder zwei Geschwistern erfuhren eine sozial stimulierende und anregende Heimumgebung, in der »nichts auf Isolation, Traurigkeit und Hoffnungslosigkeit«[199], wie Neider behaupteten, hindeutete. Ein-Kind-Familien stellten gemäß Blake eine »intellektuelle und soziale Elite« dar.

Wenn Einzelkinder dann auch noch »sozial angepasst waren, anderen zu helfen verstanden, optimistisch in die Welt schauten, nicht das Gefühl hatten, zu kurz zu kommen«[200] – wie Blakes Auswertung repräsentativer Erhebungen nahelegte –, dann erfüllten sie alle Voraussetzungen, um von der weniger privilegierten Mehrheit beneidet zu werden.

Dass diese Überlegungen Blakes für die Zeit des amerikanischen Babybooms gültig waren, legt die bereits erwähnte TALENT-Studie von 1979 nahe. In dieser repräsentativen Studie wurde nicht nur die Intelligenz untersucht, auch das Freizeitverhalten der Jugendlichen interessierte die Forscher.[201] Um mehr darüber zu erfahren, legten die Wissenschaftler den Einzelkindern und Geschwisterkindern 122 Beschäftigungen und 83 Aktivitäten vor, die diese zu bewerten hatten. Die Resultate deckten sich mit Blakes Überlegungen.

Einzelkinder zeigten größeres Interesse an Physik, Biologie, Musik, Computer und Literatur. Sie lasen mit Freude in ihrer Freizeit, sammelten Briefmarken oder Münzen, kümmerten sich um Tiere, spielten Theater, sangen, tanzten, musizierten, fotografierten und machten in Vereinen oder Treffs mit. Geschwisterkinder begeisterten sich eher für Sport, Jagen und Fischen, Mechanik, Elektronik und Handwerk. Sie engagierten sich in der Schule in Clubs, machten gerne Holzbearbeitung und Handarbeit, töpferten, fertigten Schmuck an oder kochten.

Aus diesen Vorlieben der Freizeitgestaltung lässt sich ablesen, dass Einzelkinder solche Hobbys favorisierten, die dem Schulerfolg förderlich waren. Auch das Alleinespielen gehört dazu: Schulische Aktivitäten wie Lernen und Studieren erfordern regelmäßig konzentrierte Perioden des Alleinseins.[202] Einzelkinder entwickelten schon früh eine größere Toleranz gegenüber dem Alleinsein als Geschwisterkinder, und sie profitierten zu Hause von der ruhigen Atmosphäre, die es braucht, um sich zu konzentrieren. Einzelkinder fanden also zu Hause eine Grundhaltung vor, die ihren schulischen Erfolg begünstigte, und sie waren auch tatsächlich etwas erfolgreicher in der Schule als Kinder mit fünf und mehr Geschwistern. Was für Kinder aus Großfamilien ein Grund mehr war, auf Kinder aus kleinen Familien neidisch zu sein.

Doch in den letzten 30 Jahren haben sich die Familiengrößen und ihre wirtschaftliche Lage grundlegend verändert. Blake bezeichnete kleine Familien als Eltern mit eins bis drei Kindern. Die sind heute keine elitäre Minderheit mehr, sondern die absolute Mehrheit. Die früheren Privilegien wie Ferien im Ausland und Freizeitkurse für Kinder, die vor ein paar Jahrzehnten nur kleine Familien zu finanzieren vermochten, kann sich heute die Mehrheit leisten.

Nur in wenigen Bereichen haben sich Ein-Kind-Familien einen Sonderstatus erhalten. Der hat heutzutage jedoch nichts mit Elite zu tun, sondern mit Unkonventionalität: Die Eltern von Einzelkindern und die Einzelkinder selbst sind häufig neueren gesellschaftlichen Strömungen gegenüber aufgeschlossen. So erfüllen Einzelkinder zum Beispiel weniger ausgeprägt die klassischen Geschlechterrollen, die für Mädchen beziehungsweise Jungen gesellschaftlich gelten. Verglichen mit Geschwisterkindern, wachsen Einzelkinder auch häufiger in Familien auf, die nicht dem traditionellen Bild entsprechen – sie haben öfter unverheiratete oder geschiedene Eltern, und ihre Mütter sind erheblich häufiger erwerbstätig als die Mütter von Geschwisterkindern.

In China findet man eine ähnliche, leichte Tendenz hin zu unkonventionelleren Ein-Kind-Familien. Vor der Ein-Kind-Doktrin 1979 wurden Mädchen in chinesischen Familien stark diskriminiert. Die Eltern investierten kaum in sie, da sie ohnehin in die Familie des Ehemanns »weggeheiratet« wurden und da die Mitgift hoch ausfiel. In ländlichen Gebieten Chinas, wo Mehr-Kind-Familien vorherrschen, werden Mädchen noch heute diskriminiert.

In den Städten jedoch hat sich die Ein-Kind-Politik zum Teil unerwartet egalisierend ausgewirkt. Die Mädchen dort haben in etwa gleich hohe Ausbildungsziele und erreichen ähnlich gute Leistungen in Mathematik und in anderen Schulfächern.[203] Nicht nur die Jungs, auch die Mädchen sollen als Erwachsene eine lukrative Arbeit ergreifen, um Eltern und Verwandte im Alter zu unterstützen. Die staatlich verordnete Ein-Kind-Politik hat die Mädchen in den Städten von dienenden und unbezahlten Familienaufgaben emanzipiert: Wo nur *ein* Kind erlaubt ist, müssen Eltern alles in dieses eine investieren, selbst wenn es ein Mädchen ist, damit es ihnen im Alter nicht nur pflegerisch, sondern auch finanziell beistehen kann. –

Die neue Situation färbte auch auf die erste Generation staatlich verordneter Einzelkinder ab: Sie dachten als Teenager unabhängiger und kommunizierten moderner und individualistischer als frühere Generationen.[204]

Hintergrund
Geschwisterlosigkeit – wie prägend ist sie?

Die grundlegende Frage, die hinter allen Einzelkindstudien steht, lautet: Wie prägend ist Geschwisterlosigkeit? Beeinflusst sie die Persönlichkeit von Einzelkindern sehr, ein wenig oder gar nicht? – Zu allen drei Antworten lassen sich Verfechter finden.

Als sehr bedeutsam schätzen die Geschwister- und Birthorder-Forscher das Fehlen von Geschwistern ein. Sie sind überzeugt, dass Geschwister für eine normale Entwicklung von Kindern essenziell wichtig sind und dass die Stellung innerhalb der Geschwisterreihe die Entwicklung des Kindes stark prägt.[205] Diese Ansicht wurde bereits in den ersten Einzelkindstudien des Psychologen G. Stanley Hall (1896) und dessen Assistenten Bohannon (1898) vertreten. Hall und Bohannon waren die Ersten, die bei Einzelkindern eine Tendenz zu negativen Eigenschaften zu entdecken glaubten und diese mit der Geschwisterlosigkeit erklärten. Sie entdeckten vor allem im Charakter und im sozialen Umgang von Einzelkindern Defizite. Diese Grundhaltung hielt sich in der Einzelkindforschung bis in die 1980er Jahre. Dass Geschwisterlosigkeit *keine* oder positive Auswirkungen haben könnte, war viele Jahrzehnte lang jenseits der Vorstellungskraft der Forschenden.

Diese Annahme scheint auch heute noch »natürlich« und wurde vor kurzem wieder bestätigt: Geschwister sind für Kinder neben der Mutter die wichtigsten Familienmitglieder, sie sind sogar wichtiger als der Vater.[206] Wie könnte es da sein, dass sie nicht prägend wirken sollten? Erst wenn man die Studien zur Persönlichkeit von *Einzelkindern* anschaut, merkt man, dass das »Natürlichste auf der Welt«, Geschwister, unter Umständen trotzdem nicht bestimmend ist. In vielen der zahlreichen Einzelkindstudien ließ sich nicht feststellen, *wie* genau Geschwisterlosigkeit prägt. Sehr oft fanden die Forschenden *keine* Unterschiede in der Persönlichkeit von Einzelkindern und von Geschwisterkindern. Wäre Geschwisterlosigkeit wirklich so stark prägend, hätte sich in den Studien ein klarer »Einzelkindcharakter« herausschälen müssen. Das war aber in den Untersuchungen nach Hall und Bohannon nicht der Fall.

Auch die umgekehrte Beobachtung gilt es zu bedenken: Es gibt auch keinen »Geschwisterkindcharakter«, Geschwister können ein ganz unterschiedliches Temperament haben. Die Schwester ist vielleicht ruhig und bequem, der Bruder quirlig und draufgängerisch. Für manche ist dieses Phänomen der Beweis dafür, dass nicht die Verwandtschaft, sondern die unterschiedliche »Analyse und die persönliche Empfindung von Ereignissen den Menschen formen«.[207]

Geschwister wirken zweifelsohne aufeinander ein. Fehlen sie, übernehmen andere nahe Personen einen Teil der Funktionen von Geschwistern: Eltern, Freunde, Lehrer, Erzieher, Verwandte und medial vermittelte Vorbilder. Den stärksten Einfluss auf den Charakter eines Einzelkindes haben der Erziehungsstil und der Umgang der Eltern miteinander.[208] Etwas weniger einflussreich sind soziale und ökonomische Faktoren, wie Kinder aufwachsen, und Stadt-/Land-Unterschiede.

Sowohl die Wissenschaft als auch die Gesellschaft haben

den Einfluss von Geschwistern auf die Persönlichkeitsbildung überschätzt. Selbst als die Wissenschaft mehr und mehr *keine* signifikanten Unterschiede zwischen Einzelkindern und Geschwisterkindern feststellte, hielt sich die Ansicht, Einzelkindern fehle wegen der Geschwisterlosigkeit Entscheidendes, und Geschwisterlose könnten sich nicht »normal« entwickeln.

Überhaupt muss man sich fragen, was in diesem Zusammenhang »normal« bedeutet. Der eine wird ein unabhängiges Einzelkind arrogant und asozial empfinden, der andere hält ein verwöhntes Geschwisterkind für geliebt und umsorgt. Je nach Kontext (Einzelkind oder Geschwisterkind) wird eine Charaktereigenschaft eher positiv eingeschätzt oder negativ. In Tat und Wahrheit weisen aber alle Individuen, egal wie viele Geschwister sie haben, von allen Charaktereigenschaften einen bestimmten Anteil auf.[209] Auch Geschwisterkinder sind ein wenig arrogant, asozial und verwöhnt.

Geschwisterlosigkeit kann auch positiv prägen. Einzelkinder sind zum Beispiel ein ruhigeres Zuhause und wegen der fehlenden Geschwister an weniger Streit gewöhnt; sie erleben ihre Familie als harmonischer – Letzteres könnte der Grund dafür sein, dass Einzelkinder häufiger als Geschwisterkinder gern mit der Familie zusammen sind.[210] Einzelkinder werden in der Familie nicht mit den Geschwistern verglichen, und entsprechend wird ihnen auch weniger eine bestimmte Rolle zugewiesen. Einzelkinder haben frühere erste Erinnerungen.[211] Ihre Beziehung zu den Eltern ist meist nah und sie müssen die elterlichen Ressourcen (Zuwendung, Zeit, Geld) mit niemandem teilen, was ihre sprachliche und kognitive Entwicklung fördert. Wegen der fehlenden Geschwister sind Einzelkinder auch angespornt, ihre Spielkameraden außerhalb der Familie zu suchen – Geschwisterlose sind klar extrovertierter als

Geschwisterkinder. Muss dazu erst eine gewisse angeborene Schüchternheit überwunden werden, so kommt die persönlich errungene Offenheit für das betreffende Kind einer psychischen »Revolution« gleich: »Overcoming shyness generally represents a personal ›revolution‹.«[212]

Doch aus diesen positiven Auswirkungen von Geschwisterlosigkeit darf nicht geschlossen werden, die Geschwisterlosigkeit präge die Einzelkinder stark: »Geschwisterlosigkeit ist nicht sehr prägend, denn es gibt wenige statistisch signifikante Unterschiede zwischen Einzelkindern und Kindern mit einem Geschwister. Einzelkinder sind also nicht benachteiligt, wie sie sich entwickeln, sondern in ein paar Bereichen leicht im Vorteil.«[213]

Diese Befunde bestätigten sich mehrfach. Polit und Falbo[214] untersuchten 141 bestehende Studien zur Persönlichkeitsentwicklung von Einzelkindern und kamen zum Schluss: »(...) Geschwisterlosigkeit determiniert die Persönlichkeitsentwicklung nicht.« Einzelkinder sind weder anders noch einzigartig in ihrer Persönlichkeit. Prägend ist hingegen die Eltern-Kind-Beziehung.

In den 1990er Jahren wurde dieser Befund unter anderem vom deutschen Familienforscher Hartmut Kasten bestätigt: Einzelkinder unterschieden sich in ihrer Persönlichkeit kaum wesentlich von Geschwisterkindern. Eine Reihe festgestellter Unterschiede konnten auf andere Faktoren als die fehlende Geschwisterbeziehung zurückgeführt werden, zum Beispiel auf Unterschiede in den Einkommensverhältnissen, in der Bildung und Berufswahl der Eltern und in deren Erwerbsbeteiligung, auf Unterschiede im Erziehungsstil sowie im Ausmaß innerfamiliärer Konflikte.[215]

In jüngerer Zeit brachte es die US-amerikanische Entwicklungspsychologin Laura E. Berk auf den Punkt: »Obwohl Geschwisterbeziehungen viele Vorteile haben, sind sie nicht unbedingt essenziell notwendig für eine gesunde Entwicklung.«[216]

Vorurteil 10
Einzelkinder sind liebesunfähig

Keiner hat es so direkt zu formulieren gewagt wie der Fernseh-Kommentator, freiberufliche Psychologe, Graphologe und Autor Ulrich Beer, der 30 Jahre lang Psychologe in der ZDF-Fernsehsendung »Ehen vor Gericht« war: »Viele Einzelkinder lassen sich lieben, aber sie können selbst nicht lieben.« Zu dieser Ansicht kam Beer aufgrund langjähriger Erfahrung in seiner Beratungspraxis. Um nicht denjenigen, »für die dieses Diktum eventuell nicht zutrifft«, unrecht zu tun, ist Beer bereit, seine Behauptung abzuschwächen: »Sie [die Einzelkinder] haben zumindest große Mühe und tun sich schwer damit, wirklich zu lieben. An dieser Stelle bedarf es nach allen vorherigen Ausführungen keiner weiteren Begründung«[217], findet Beer.

In seinem Buch[218] glaubt er, schlüssig aufgezeigt zu haben, dass Einzelkinder wegen ihrer früh erfahrenen Einsamkeit und ihrem (unterstellten) Hang zum Narzissmus liebesunfähig würden. Die Kleinstfamilie sei »weniger traditionsbewusst«. Sie richte sich nicht mehr »so sehr nach herkömmlichen Familien- und Partnerschaftserwartungen«. – Das stimmt, wenn man an das vorhergehende Kapitel »eingebildet« denkt. Was allerdings nicht stimmt, ist Beers Behauptung, die Brüchigkeit der Ehen hätten die Ein-Kind-Familien zu verantworten. »Die klassischen Modelle von Bindungen auf Dauer oder gar fürs Leben lockern sich im Verband der Kleinstfamilie, vor allem der Dreiereinheit oder gar nur der Zweiereinheit von einem

Elternteil mit einem Kind«, schreibt Beer – doch das ist nur die halbe Wahrheit: Die Bindungen sind bei allen Paaren brüchig geworden.

Für Beer beherbergen Kleinstfamilien potenzielle Narzissten, deren Liebesideal ähnlich sei wie jenes des legendären Verführers Don Juan: oberflächlich, einseitig und »leer«. Sie fänden eine zeitlich begrenzte Beziehung ideal. – Das ist eine Umkehrung der Tatsache, dass Einzelkinder an tiefen und innigen Zweierbeziehungen großes Interesse haben. Und auch die folgende Behauptung von Beer erweist sich auf dem Hintergrund der Einzelkindforschung als unhaltbar: »Bei der Zunahme der Einzelkinder ist die Wahrscheinlichkeit sehr hoch, dass zwei Einzelkinder aufeinandertreffen, die mit ihren übersteigerten Erwartungen sich gegenseitig überfordern und schließlich auch noch terrorisieren.« – Es ist keineswegs erwiesen, dass Einzelkinder höhere Erwartungen an ihre Partner haben als Geschwisterkinder; und zu terrorisieren liegt ihnen als eher konfliktscheue Charaktere nicht wirklich.

Beer stützt sich bei seinen Behauptungen auf seine eigene Wahrnehmung von Einzelkindern, die zu ihm in die Praxis kamen, nicht auf wissenschaftliche Studien. Die Wissenschaft hat sich glücklicherweise nicht dazu hinreißen lassen, die Liebesfähigkeit von Einzelkindern zu erforschen. (Meines Wissens hat sie das auch nicht zu Geschwisterkindern getan.) Der Anspruch wäre vermessen, ein derart vielgestaltiges und wandlungsfähiges Phänomen wie die Liebe objektiv und mit quantitativen Methoden erfassen zu wollen. Die Forschung hat sich klugerweise auf prosaische Ausdrucksformen der Liebe konzentriert: vor allem auf die Ehetauglichkeit von Einzelkindern.

Geschwisterlosigkeit gilt nicht als ideale Sozialisationsform, um zu einem kompetenten Gatten oder zu einer kompetenten Gattin heranzuwachsen. Und zwar deshalb, weil Einzelkinder in der Kindheit nicht gelernt haben sollen, zu teilen – das Schlafzimmer, das Bett, den Kleiderschrank und andere private Dinge. Als Verheiratete sollen sie deswegen Mühe haben, Nähe zu einem Partner zuzulassen.

Dazu hat die Psychologie eine andere Meinung. Mit ziemlicher Sicherheit ist nicht die Zuwendung unter Geschwistern, sondern die Liebe, die Eltern den Kindern entgegenbringen und zueinander hegen, das beste Vorbild und die beste Voraussetzung dafür, dass Kinder zu tauglichen Lebenspartnern heranwachsen. »Wenig Liebe von Eltern (und Peers [Gleichaltrigen]) wirkt sich sehr negativ auf die psychische Gesundheit von Kindern aus«, stellten Forscher fest.[219] Kinder, die sich von ihrer Mutter und ihrem Vater nicht geliebt fühlen, sind eher depressiv, ängstlich, gestresst und von anderen abhängig, hat die gleiche Studie festgestellt – alles Eigenschaften, die der dauerhaften Paarbildung zuwiderlaufen. Mangelnde Liebe der Eltern kann als wahre Ursache angesehen werden, weshalb jemand im Erwachsenenalter Mühe hat, Liebe zu geben – und nicht die Tatsache, dass jemand ohne Geschwister aufgewachsen ist.

Einzelkinder sind auch nicht, wie Beer weiter suggeriert, »gelangweilt« und »ständig auf der Suche nach Augenblicksintimität – nach emotionalen Reizen ohne Verstrickung und Abhängigkeit«.[220] Sie sind im Gegenteil stark daran interessiert, zu ihren Freundinnen und Freunden eine besondere Nähe herzustellen – vor allem, wenn sie Geschwister vermissen. Von ihren Ehepartnern trennen sie sich in keiner Weise einfacher oder schneller als Geschwisterkinder.[221] Im Gegenteil waren in den achtziger Jahren in den USA mit 29 Jahren eher Geschwisterkinder geschieden als Einzelkinder. (Heutzutage sind viele Paare in diesem Alter noch gar nicht verheiratet, was auch sein Gutes hat.)

Selbst wenn es nicht um die Liebe, sondern »nur« um das Eheverständnis von Einzelkindern geht, ist es für die Forschung schwierig, zu relevanten Daten zu kommen. Die meisten Studien helfen sich methodisch, indem sie die Vorstellungen, die Einzelkinder in jungen Jahren hegten, mit der effektiven Situation im Erwachsenenalter vergleichen. Derart aufgebaute Untersuchungen zum Unterschied zwischen Wunsch und Realität zum Thema Ehe gab es in den 1980er Jahren gleich drei.

Phyllis A. Katz und Sally L. Boswell fragten Mädchen und Jungen, wie sie sich ihre eigene Familie später einmal vorstellten, und erhielten folgende Antworten: Jungen wollten seltener heiraten als Mädchen (82 versus 92 %), und auch seltener Kinder (85 versus 94 %). Wer Kinder wollte, stellte sich vor, einmal zwei zu haben, doch wünschten sich beachtlich viele Kinder auch nur *ein* Kind – viel mehr als im Erwachsenenalter. Mit acht Jahren wollten Jungen später einmal Söhne haben und Mädchen Töchter. Im Erwachsenenalter änderte sich das, Männer wie Frauen wollten dann eher Söhne. Wann der Wunsch der Frauen nach einer Tochter umschlug in den Wunsch nach einem Sohn, blieb unbekannt.[222]

John G. Claudy beobachtete in den 1980er Jahren, dass Einzelkinder ein etwas höheres Alter nannten, wann sie einmal heiraten wollten. Effektiv heirateten sie im Durchschnitt dann doch im gleichen Alter wie Geschwisterkinder. Einzelkinder stellten sich auch vor, dass sie einmal wenige Kinder haben würden, was sich bewahrheitete: Sie hatten tatsächlich wenige. Frauen, die als Einzelkinder aufgewachsen waren, hatten von allen am wenigsten Kinder.[223] Einzelkinder ließen sich nicht öfter scheiden als andere.[224]

Die Soziologin Judith Blake[225] fand über Ehen von

Einzelkindern heraus, dass männliche Einzelkinder eher Frauen mit höherem Berufsprestige heirateten, während weibliche Einzelkinder – obwohl selbst überdurchschnittlich gut ausgebildet – einen Partner wählten, der einen tieferen Berufsstatus hatte; weibliche Einzelkinder heirateten also »unter ihrem Niveau«. Die Unterschiede zu Geschwisterkindern waren nicht groß, jedoch vorhanden.

Die Fragen nach der Ehe von Einzelkindern verloren in den 1990er Jahren an Dringlichkeit. Erst 2002 nahm sich wieder eine Forscherin[226] des Themas an. Sie vermutete, dass Einzelkinder unterschiedlich zufrieden mit ihrer Ehe seien, je nachdem, ob der Partner als Erster, Mittlerer, Jüngster oder Einziger zur Welt gekommen war.

Die Resultate zeigten, dass über 60 % der untersuchten 2605 Einzelkinder einen Partner gewählt hatten, der als Zweiter, Mittlerer oder Jüngster geboren war (gemäß Birth-order-Logik heirateten Einzelkinder also nach dem Motto »Gegensätze ziehen sich an«). Auf die Ehezufriedenheit wirkte sich das allerdings nicht aus. Einzelkinder, die Einzelkinder geheiratet hatten, waren mit ihrer Ehe genauso zufrieden wie jene, die Geschwisterkinder geheiratet hatten.

Man erkennt unschwer, dass die Wissenschaft zum Thema Ehetauglichkeit von Einzelkindern wenig Ergiebiges herausgefunden hat. Was die quantitativen Analysen des Zeitpunkts der Eheschließung, des ersten Kindes, der Ehedauer und -zufriedenheit allerdings zeigen, ist: Es gibt nur unwesentliche Unterschiede zwischen Einzelkindern und Geschwisterkindern. Deshalb verbreitet, wer wie Ulrich Beer behauptet, Einzelkinder könnten nicht lieben und würden sich lieben lassen, ungeprüfte Behauptungen. Von einzelnen Fällen aus der Therapie darf nicht auf Einzelkinder im Allgemeinen geschlossen werden, wie das Beer im eingangs erwähnten Buch tut.

Als Postskriptum sei hier noch von der Beliebtheit von Einzelkindern die Rede, genauer: wie beliebt Einzelkinder bei Gleichaltrigen sind. Zwar hat Beliebtheit in der Gruppe nur entfernt und indirekt mit dem Thema Liebesfähigkeit zu tun. Nur gerade insofern, als eher Personen, die ausgeglichen und liebesfähig sind, gemocht werden, und kaum bösartige Narzissten, die nur an sich selbst denken. Von vielen gemocht werden Persönlichkeiten, die offen sind und bereit, ihrerseits Zuwendung zu schenken.

Die Beliebtheit von Kindern in der Schulklasse ist ein gängiger Untersuchungsgegenstand in der Forschung. Die Beliebtheit von Einzelkindern bei ihren Klassenkameraden ist in den letzten 20 Jahren im Durchschnitt leicht gesunken – allerdings auf hohem Niveau von »sehr beliebt« (»Diese Resultate legen nahe, dass Einzelkinder und Kinder aus kleinen Familien [mit eins bis zwei Geschwistern] beliebter sind als Kinder aus großen Familien«)[227] zu »gleich beliebt« wie Geschwisterkinder. Auch für die 8- bis 9-Jährigen kann nicht bestätigt werden, »dass Einzelkinder weniger beliebt wären als jüngste Geschwisterkinder oder sonstige Geschwisterkinder«.[228]

Hintergrund
Was leisten Geschwister, was Freunde nicht leisten?

Blut ist dicker als Wasser, lautet ein Sprichwort. Es drückt aus, dass Blutsverwandtschaft stärker bindet als Freundschaft, dass Eltern, Geschwister und sonstige enge Verwandte wichtiger, ja lebensnotwendig (wie Blut) sind. Unter nahen Verwandten hat man sich beizustehen, zu helfen und Geld, Trost und Unterhaltung zu spenden. Blutsverwandte sind füreinander – zumindest juristisch und von der Idee her – ein soziales und emotionales Auffang- und Sicherheitsnetz.

Einzelkinder haben ein paar Maschen weniger in diesem Sicherheitsnetz, denn es fehlen ihnen die Geschwister, die sie, beispielsweise in einer finanziellen Notlage, um Unterstützung bitten könnten. Was ihnen alles wegen der fehlenden Geschwister sonst noch entgeht und was sie anderweitig kompensieren können, darum geht es in diesem Kapitel.

Wer Geschwister hat, genießt ein paar klare Vorteile, die Einzelkinder nicht haben. Interessanterweise wirken diese Vorteile auf den ersten Blick gar nicht so eindeutig positiv; erst bei genauerem Hinschauen entpuppen sie sich als Chance zu psychischem Wachstum.

Nummer eins dieser ambivalenten Vorteile ist, dass Geschwister sich nicht gewählt haben. Sie werden in die Familie hineingeboren, sie sind einem gegeben, man kann sie nicht auswechseln. Geschwisterbeziehungen sind unfreiwillig und bleiben ein Leben lang bestehen. Die Tatsache, dass man mit einem Bruder oder einer Schwester aufgewachsen ist, lässt sich nicht ändern. Selbst wenn sich Geschwister derart zerstreiten, dass sie sich als erwachsene Personen meiden, bleiben sie einander erhalten, zum einen rechtlich gesehen (zum Beispiel bei Erbschaft), aber auch im Bewusstsein der Geschwister als wie auch immer geartete Erinnerung an die gemeinsame Zeit in der Familie. Geschwisterbeziehungen sind unkündbar.[229]

Diese Unfreiwilligkeit ist der Grund, weshalb sich Geschwister ambivalent gegenüberstehen: Sie sind im wahrsten Sinne des Wortes auf Gedeih und Verderb miteinander verbunden. Sie können »sowohl das Beste als auch das Schlechteste im Menschen wachrufen«.[230] Selbst wenn sie sich in der Kindheit und Jugend jahrelang streiten, müssen sie dennoch irgendwie zusammen funktionieren –

aufgrund der simplen Tatsache, dass sie sich täglich begegnen. Zyniker haben Geschwisterbeziehungen deshalb auch mit einer »chronischen Krankheit« verglichen, in der sich gute Phasen mit schlechteren Phasen abwechseln.[231]

Die Unfreiwilligkeit von Geschwisterbeziehungen hat jedoch auch klar positive Auswirkungen. Anders als Einzelkinder sind Geschwisterkinder im Alltag darauf angewiesen, bei Streitereien und Konflikten Lösungen zu finden. Sie können tagtäglich ausprobieren, welche Reaktionen welche Gegenreaktionen hervorrufen und so lange ihr Verhalten variieren, bis sie für sich einen Weg gefunden haben, negative Gefühle wie Aggression, Hass, Wut, Ärger, Enttäuschung, Neid und Eifersucht irgendwie in den Griff zu bekommen.[232]

Einzelkinder können den Umgang mit schwierigen Emotionen nicht so ausgiebig erproben, und das ist der Grund, weshalb einige selbstkritisch von sich sagen, sie seien in diesem tagtäglichen Austeilen und Einstecken zu wenig geübt. Mit den Worten des Schriftstellers und Einzelkindes John Updike: »Die negative Seite [als Einzelkind aufzuwachsen] ist vielleicht eine gewisse Unsicherheit oder Zaghaftigkeit bei der alltäglichen Balgerei, die der Kontakt mit anderen Menschen gewöhnlich bedeutet.«[233] Einzelkinder haben die Wahl, ob sie sich bei Streit mit ihren gleichaltrigen Freunden versöhnen möchten oder ob sie sich lieber eine Weile lang aus dem Weg gehen. Versöhnung, Einlenken und Vergessen von zwischenmenschlichen Konflikten geschehen bei ihnen freiwillig.

Noch eine andere »Selbstverständlichkeit« von Geschwisterbeziehungen hat weitgehende Konsequenzen: Geschwister wachsen zusammen auf. Das bringt ein paar fundamentale Effekte mit sich. Geschwister machen nebeneinander Fortschritte in ihrer Entwicklung, sie genießen dieselbe Erziehung, und sie sehen sich in der Kindheit und Jugend täglich. Solch engen Kontakt weisen auch die engsten Freundschaften nicht auf. Weder bekommen Freunde alle wichtigen Ereignisse und Begebenheiten voneinander mit, noch erhalten sie dieselbe Erziehung, oder sehen sie sich so häufig und in so vielen verschiedenen Situationen, wie das Geschwister tun. Wenn sich Einzelkinder ihren Freunden gegenüber über die Eltern auslassen, dann können sie nicht auf die gemeinsame Erfahrung Bezug nehmen. Freunde haben immer nur einen beschränkten Einblick in die Familie des anderen.

Aus der gemeinsam verbrachten Zeit entsteht unter Geschwistern eine gemeinsam erlebte Familiengeschichte. Diese ist – obwohl sie vom einen Geschwister zum andern sehr unterschiedlich interpretiert werden kann – Teil der persönlichen Identität der Einzelnen. Gemeinsame Erinnerungen lassen ein Gefühl von Geborgenheit und Vertrautheit entstehen, was Einzelkinder in dieser ausgeprägten Form nicht kennen. Natürlich verbinden Einzelkinder mit ihren Freunden gemeinsame Erinnerungen. Doch gibt es niemanden, der ihre ganze Familiengeschichte geteilt hat und diese bestätigen, ergänzen oder revidieren könnte.

Das gemeinsame Aufwachsen unter demselben Dach macht Geschwister miteinander sehr vertraut. Geschwister sind füreinander »primäre Liebesobjekte«[234] wie die Eltern. Häufig sind sie füreinander auch erotische Objekte; sexuelle Träume, Phantasien und Aktivitäten unter Geschwistern sind verbreitet. Die Beziehung unter Geschwistern ist vor allem in der Kindheit unreflektierter, automatischer, urwüchsiger, enger und spontaner als andere Sozialbeziehungen. Und wie bereits erwähnt ambivalenter.

Geschwister sind nicht nur Vertraute, sie sind auch Konkurrenten und Rivalen, die um die Gunst und Zuwendung von Vater und Mutter kämpfen. Da die Eltern sich ihren

Kindern gegenüber nie genau gleich verhalten können, erhalten Geschwister eher bestimmte Rollen zugewiesen; das eine Kind ist beispielsweise der Praktische, der alles reparieren kann, das andere die Rebellische, die sich gegen Normen auflehnt. Solche Rollenzuweisungen gehören zu jeder Familie und sind an sich etwas »Gängiges«, etwas, was fast nicht zu vermeiden ist. Feste Rollenzuschreibungen können einzelnen Geschwistern aber auch das unbefriedigende Gefühl geben, nicht richtig wahrgenommen zu werden und in bestimmten Aspekten ihrer Persönlichkeit zu kurz zu kommen.

Ein Einzelkind kennt dieses Gefühl, »verkannt« zu werden, höchstens von den Eltern, wenn diese in ihm einen Charakterzug hervorheben, der ihm selbst nicht so wichtig ist. Geschwisterrivalität um die Anerkennung der Eltern jedoch ist »ein Kreuz, das Einzelkindern immer erspart bleibt«.[235] Sie haben diesbezüglich das umgekehrte Problem: Sie haben keine Geschwister, die die elterlichen Erwartungen abfedern, ablenken und auf mehrere Personen verteilen würden. Geschwister sind untereinander immer auch Puffer gegen alles Unangenehme, das von den Eltern kommt. Diese Möglichkeit zur Abfederung haben Einzelkinder in der Familie nicht.[236]

Einzelkindern fehlen ebenfalls Wegbereiter, die ihnen zeigen, wie man wichtige Entwicklungsschritte bewältigt, zum Beispiel den Kindergarteneintritt, die Berufswahl und den Auszug von zu Hause. Ohne Geschwister gibt es auch niemanden, der gegen Regeln in der Familie verstößt und die Grenzen der Eltern austestet. Einzelkinder können bei keinem Geschwister abschauen, wie dieses beispielsweise die Eltern dazu bringt, ein Ausgehverbot wieder aufzuheben, oder wie es sich dagegen wehrt, wenn die Eltern seine Liebesbeziehung nicht akzeptieren. Weil Einzelkinder solche Wegbereiter und Vorbilder gelegentlich vermissen, wünschen sich viele von ihnen, wenn überhaupt, *ältere* Geschwister.

Alle anderen Merkmale von Geschwisterbeziehungen können Einzelkinder mehr oder weniger kompensieren. Geschwister sind füreinander Spielpartner – das können auch Freunde füreinander sein, die Nachbarskinder, die Kinder der Tagesmutter oder jene in der Krippe oder im Jugendklub.

Geschwister lernen voneinander prosoziales Verhalten, sie bieten sich Hilfe an, trösten und schenken Zuwendung – das können auch gute Freunde machen, allerdings braucht es dazu ein gegenseitiges Einvernehmen, das nicht jederzeit gegeben ist.

Geschwister spielen miteinander Rollenspiele, die zu einem besseren emotionalen Verständnis sich selbst und anderen gegenüber beitragen; die helfen, Gefühle auszuleben, und die als »emotionale Lernprozesse«[237] wichtig sind – Einzelkinder haben diese Möglichkeiten ebenfalls mit ihren Freunden.

Geschwister haben (bei einem Altersunterschied von nur wenigen Jahren) eine einigermaßen egalitäre Beziehung.[238] Das Gleiche gilt auch für Einzelkinder und ihre Freunde und Spielpartner.

Was lässt sich aus diesen Vergleichen zwischen Geschwisterbeziehungen und Freundschaftsbeziehungen von Einzelkindern schließen? Geschwisterbeziehungen sind nach den Elternbeziehungen die wichtigsten Beziehungen von Kindern. Sie sind jedoch nicht derart wichtig, dass die Persönlichkeit von Kindern, die ohne Bruder oder Schwester aufwachsen, geschädigt würde. »Die Wichtigkeit von Geschwistern für die Entwicklung der Persönlichkeit von Kindern wurde weit überschätzt«[239], stellen die Schweizer Psychiater Cécile Ernst und Jules Angst fest.

Auch nimmt die Bedeutung der »Blutsverwandtschaft« mit den neuen Familienformen (Wohn- und Hausgemeinschaften, Patchworkfamilien, Stieffamilien, Scheidungsfamilien, Ein-Eltern-Familien etc.) heute mehr und mehr ab.[240] Parallel dazu stieg die Bedeutung von Gleichaltrigen (Peers) an: »Gleichaltrige Peers außerhalb der Familie haben an Bedeutung gewonnen.«[241] So entspricht die Wichtigkeit, die 10- bis 13-jährige Kinder ihren Geschwistern beimessen, der Wichtigkeit guter Freunde und Freundinnen – eine Entwicklung, die Einzelkindern entgegenkommt.

Vorurteil 11
Einzelkinder können nicht streiten

Auf die Frage, ob es etwas gebe, was er nur mit Geschwistern und nicht mit seinen Freunden tun könne, antwortete ein Einzelkind von zehn Jahren: Ja, sich schlagen. Sich raufend und kämpfend streiten, ohne Konsequenzen für die Beziehung fürchten zu müssen, das sei mit Freunden nicht möglich. Sich handgreiflich durchzusetzen, das lernen Einzelkinder in der Regel nicht zu Hause. Glücklicherweise ist das in vielen Gesellschaften auch keine Fähigkeit, die man beherrschen müsste, um unter Gleichaltrigen zu bestehen. So vermissen Einzelkinder hierzulande höchstens den sportlichen Aspekt davon.

Gemeinhin gelten Einzelkinder als wenig durchsetzungsstark. Ihnen wird nachgesagt, dass sie wegen der fehlenden Geschwister nicht lernten, sich im Alltag in Auseinandersetzungen zu behaupten. Einzelkinder müssen mit keinem Geschwister um die Ressourcen in der Familie kämpfen; weder müssen sie sich für die Gutenachtgeschichte gegen andere den Platz auf Mamas Schoß erobern, noch müssen sie sich dafür einsetzen, dass sie gleich viele Süßigkeiten wie der Bruder oder die Schwester erhalten. Einzelkinder haben ein eingeschränkteres Übungsfeld, Konflikte konstruktiv auszutragen.

Da die Eltern mental und körperlich zumindest in den ersten zehn Jahren überlegen sind, können Einzelkinder auch nicht mit Vater und Mutter ausloten, wie man mit Gleichgestellten Konflikte austrägt. Die Eltern sind durch ihre eigene Streitkultur höchstens ein positives oder negatives Vorbild. »Die soziale Fähigkeit, Konflikte mit Gleichaltrigen zu bewältigen, ist für Einzelkinder anerkannterweise nicht ganz einfach zu entwickeln«[242], schreibt der US-amerikanische Wissenschaftler Adriean Mancillas, »sie haben nicht so viel Gelegenheit dazu wie Geschwisterkinder.«

Allgemein gibt es für Einzelkinder wie für Geschwisterkinder eine begrenzte Anzahl Möglichkeiten, sich in Konfliktsituationen zu verhalten. Konflikte vermeiden ist die eine Strategie, die Einzelkinder gelegentlich anwenden. Wie verbreitet sie ist, lässt sich nicht sagen. Bisher hat nur die erste Einzelkindstudie von Bohannon[243] aus dem Jahre 1898 davon berichtet, dass Einzelkinder Auseinandersetzungen lieber aus dem Weg gehen. Laut Bohannon – dessen Studie heutigen wissenschaftlichen Ansprüchen nicht genügt – vermeiden Einzelkinder Konfliktsituationen vor allem, indem sie sich mit markant Jüngeren zusammentun, die sich nicht gegen sie durchsetzen können; oder mit spürbar Älteren, denen es egal ist, wenn das Einzelkind immer recht haben will. Wie gesagt, sind das einzelne Beobachtungen, die nicht verallgemeinert werden dürfen. Das betont auch der deutsche Familienforscher Hartmut Kasten: »Dieser Eindruck, dass Einzelkinder lieber flüchten als standhalten, wurde (…) nicht wissenschaftlich un-

151

tersucht, sondern stammt aus individuellen Erfahrungs-
berichten und Fallbeschreibungen und lässt sich nicht
verallgemeinern, auch wenn er plausibel erscheint.«[244]

Dass Einzelkinder durchsetzungsschwach seien, ist
jedoch nur die eine Behauptung, die sich ungeprüft hält.
Die andere Aussage besagt genau das Gegenteil: dass Einzelkinder sich *immer* durchsetzen wollen, weil ihnen keine
Geschwister Paroli bieten und sie in ihre Schranken weisen.

Zumindest im Grundschulalter scheinen Einzelkinder
tatsächlich öfter den gegensätzlichen Polen »Rückzug«
und »Aggression« zugeneigt zu sein. Die US-amerikanische Psychologin Katherine M. Kitzmann und Kollegen
haben herausgefunden, dass sich Einzelkinder im mittleren Kindheitsalter in der Schule eher unberechenbar verhalten. Sie haben häufig Mühe, konstruktiv mit eigenen
und fremden Aggressionen umzugehen. Sich einem Kon-
flikt zu stellen, bis eine für alle Parteien akzeptable Lösung
gefunden ist, das scheinen viele Einzelkinder in jungen
Jahren noch nicht gelernt zu haben. Konfrontiert mit Aggressionen, reagieren sie häufig so aufbrausend, dass sie
eine einvernehmliche Lösung vereiteln, oder sie laufen
davon und lassen den Streit ungelöst. Damit zeigen sie ein
Verhalten, das es den dominanten Mitschülerinnen und
Mitschülern leicht machte, die Einzelkinder eher zu quä-
len und zu Opfern zu machen.[245]

Diesen Befund muss man allerdings differenziert sehen. Dieselbe Studie fand nämlich auch heraus, dass Einzelkinder *nicht* nur arme Opfer und im Konfliktfall auf
dem Rückzug sind, sondern wie andere Kinder auch über
»Täterqualitäten« verfügen: So unterscheiden sie sich in
ihrer relationalen Aggression *nicht* von Geschwisterkindern. Mit relationaler Aggression wird das absichtliche
Verhalten einer Person A bezeichnet, die Beziehungen ei-

ner anderen Person B zu Gleichaltrigen zu schädigen oder die soziale Akzeptanz von B zu mindern.[246] Dies äußert sich zum Beispiel im Ausschließen der Person B aus einer Gruppe, im absichtlichen Verbreiten von Gerüchten über B, Verleumdungen, Entwertungen und Herabsetzungen, Isolation (sogenanntes »Schneiden«) oder das Freundinnen-»Wegnehmen«. Gemeinsam ist allen Formen relationaler Aggression, dass eine Person einer anderen Person Schaden zufügt, indem sie deren soziale Beziehungen beeinträchtigt. – In diesen Tätereigenschaften unterscheiden sich Einzelkinder also wie gesagt nicht von Geschwisterkindern.

Neben diesen aggressiven Verhaltensweisen verfügen Kinder über ein ganzes Arsenal von weiteren Strategien im Konfliktfall. Am verbreitetsten ist das Ignorieren des Konflikts, es ist viel verbreiteter als die aggressive Reaktion. Nur knapp 8 % der 8- bis 9-Jährigen geben an, bei Konflikten mit Freunden körperlich oder verbal aggressiv zu werden, auf Rache zu sinnen oder den anderen wie Luft zu behandeln. Die weitaus größere Zahl, nämlich 63 %, ignoriert den Streit. Das passiert bei den meisten Kindern so, dass sie die Querelen einfach schnell wieder vergessen. Auch bei Streitigkeiten mit den Eltern sind Kinder Spezialisten im Ignorieren: Für die Kinder liegt der letzte Streit meist länger zurück als für die Mütter. Und mehr als doppelt so viele Kinder wie Mütter sagen, dass es gar keinen Streit gegeben habe. »Kinder erinnern sich weniger an konfliktive Auseinandersetzungen, und jene, die sie erinnern, platzieren sie weiter zurück in die Vergangenheit (›ist schon länger her‹).«[247]

Die Fähigkeit, die eigene Position gegen den Widerstand von anderen zu artikulieren und fair durchzusetzen, ist eine anspruchsvolle und wichtige soziale Kompetenz. Erstaunliche 62 % der 8- und 9-Jährigen sagen von sich, dass sie im Konfliktfall mit der gegnerischen Partei reden und sich wieder versöhnen. Wie viele davon Einzelkinder sind, ist nicht bekannt. Es gibt allerdings einen allgemeinen Befund, aus dem auf den Umgang von Einzelkindern mit Konflikten geschlossen werden kann: Das Konfliktverhalten der Mutter hat einen wesentlichen Einfluss auf das Konfliktverhalten der Kinder (während dasjenige des Vaters wenig abfärbt). Wenn Mütter im Streitfall mit ihren 8- oder 9-Jährigen wütend werden, wenn sie schimpfen oder weggehen, verhalten sich die Kinder im Konfliktfall ebenfalls aggressiv und brechen den Kontakt ab.

Statistiken zufolge sind Einzelkinder häufiger als Geschwisterkinder gern mit der Familie zusammen und erleben seltener innerfamiliäre Konflikte.[248] Die eher harmonische Grundstimmung zu Hause könnte der Grund dafür sein, weshalb Einzelkinder eine größere Sensibilität für die Bedürfnisse anderer entwickeln und besonders befähigt sind, in Gruppen ausgleichend zu wirken und im Streitfall zwischen gegensätzlichen Standpunkten zu vermitteln. »Ihre Stärken liegen im Miteinander-Versöhnen und Harmonie schaffen, nicht im Rivalisieren und Austragen von Konflikten.«[249]

Dieses Harmoniebedürfnis von Einzelkindern wurde auch in anderem Zusammenhang entdeckt, ist allerdings nicht wissenschaftlich untersucht worden: Die US-amerikanische Journalistin Ellie McGrath erfuhr in ihren Interviews mit Einzelkindern, dass diese es oft schwierig fanden, angemessen mit den Streitereien der eigenen Kinder umzugehen. Die Einzelkind-Eltern konnten nicht nachvollziehen, weshalb sich ihre Töchter und Söhne dauernd in den Haaren lagen. Sie fühlten sich deswegen bedrückt und empfanden ihre Kinder als zu wenig dankbar für das, was sie ihnen angedeihen ließen. »Viele [erwachsene] Einzelkinder stellen sich das Zusammenleben

154

mit mehreren Kindern auch zu romantisch und harmonisch vor und strengen sich an, es möglichst harmonisch zu gestalten.«[250]

Ebenfalls unbewiesen, aber nachvollziehbar ist die Beobachtung von Ellie McGrath, dass Einzelkinder sich mit Diplomatie und fintenreichem Taktieren schwer tun. Einzelkinder sagen meist offen und ehrlich, was sie denken, bedingt durch den häufigen Umgang mit Erwachsenen, die sich ebenfalls direkt und wahrhaftig an sie wenden. So lernen Einzelkinder erst spät, dass es manchmal angemessen ist, die Wahrheit für sich zu behalten. Erst als Erwachsene offenbart sich ihnen so richtig, dass nicht alle Leute immer das sagen, was sie auch meinen, dass man übers Ohr gehauen werden kann, dass manche Menschen unlautere Absichten hegen, dass es gelegentlich ratsam ist, zu taktieren und zu lobbyieren, und dass man mit dem Aussprechen der Wahrheit nicht immer am weitesten kommt. Wie erwähnt, ist das eine reine Beobachtung und wissenschaftlich nicht belegt. So lassen sich dazu immer Ausnahmen finden, die die »Regel« bestätigen. Die derzeitige Außenministerin der USA, Condoleezza Rice, zum Beispiel ist ein Einzelkind, das sich dank diplomatischem Reden und klugem Taktieren auch in schwierigen politischen Situationen im Amt halten konnte.

Hintergrund
Freundschaften – nie so gut wie Blutsverwandtschaft?

»Wir [Einzelkinder] sind nicht der Ansicht, dass Blut unbedingt dicker sein muss als Wasser«, schreibt Ellie McGrath, Journalistin und selbst ein Einzelkind, über den Freundschaftsbegriff von Einzelkindern. »Ich glaube, Einzelkinder versuchen, aus allen Freundinnen Schwestern zu machen. Einzelkinder (…) wollen nicht unbedingt mehr Freunde, als sie schon haben, aber sie streben oft eine innigere Beziehung zu ihnen an.«[251]

Sich in Gruppen Gleichaltriger einzufügen und mit Einzelnen enge Freundschaften aufzubauen, sind zwei wichtige Entwicklungsaufgaben in der mittleren Kindheit. Kinder lernen mit Gleichaltrigen, mit denen sie nicht durch Familienbande verbunden sind, selbst dafür zu sorgen, dass die Kontakte bestehen bleiben. Mit Freunden üben sie sich darin, ein gemeinsames Verständnis zu erarbeiten, Vertrauen zu entwickeln und Nähe herzustellen, die nicht durch Blutsverwandtschaft gegeben sind. Sie müssen mit ihren Freunden zusammen herausfinden, wie man sich verständigt, wenn man unterschiedlicher Meinung ist, und wie man im Konfliktfall Kompromisse schließt.

In der Vorpubertät, zwischen zehn und zwölf Jahren, wächst das Bedürfnis nach »interpersonaler Intimität«.[252] Die Jugendlichen wünschen sich nun nicht mehr irgendjemanden zum Spielen, sondern »Busenfreundinnen« und -freunde, mit denen man Dinge teilen kann, die man mit anderen nicht teilen möchte. Angestrebt wird »eine Freundschaft, in der sich beide auf einzigartige Weise kennen und verstehen«.[253] Diese ersten tiefen Freundschaften entsprechen dem Bedürfnis von Einzelkindern nach Gleichaltrigen, die ihnen sehr nahe stehen.

Einzel- und Geschwisterkinder zwischen acht und neun Jahren unterscheiden sich nicht in der Anzahl guter Freunde. Beide sagen im Durchschnitt von knapp vier Gleichaltrigen, dass das wirklich gute Freunde seien. Mädchen und Jungen haben gleich viele gute Freunde, Mädchen sehen ihre Freundinnen allerdings etwas öfter. Beide Geschlechter beschränken sich bei der Auswahl ihrer Freunde in der Regel auf das eigene Geschlecht.

Wer einen guten Freund hat, ist auch zufrieden mit de eigenen Sozialkontakten. Fehlt ein guter Freund – bei 10 % der Kinder ist das der Fall –, sinkt die Zufriedenheit. Vergleicht man das Sozialleben von Einzelkindern mit jenem vor 25 Jahren, so haben Einzelkinder klar zugelegt. Bis in die 1980er Jahre waren sie sozial nicht ganz so aktiv und erfolgreich wie Geschwisterkinder: »Geschwisterkinder waren aktiver im Ausgehen, sie trafen andere häufiger und hatten ein aktiveres Sozialleben als Einzelkinder. Einzelkinder waren etwas weniger sozial.«[254]

Einen Freund zu haben, bedeutet in der mittleren Kindheit, sich bei Bedarf zu helfen, sich gegenseitig »großartig« zu finden und viel Spaß zusammen zu haben. Kinder, die Freunde haben, sind sozial kompetenter, kooperativer, altruistischer, geselliger, weniger einsam und selbstbewusster als Kinder ohne Freunde.

Das gilt für Einzelkinder genauso wie für Geschwisterkinder. Die Anzahl Geschwister – ob viele oder keine – hat keinen signifikanten Einfluss darauf, wie stark ein Kind in Freundschaften eingebunden ist, fand das Kinderpanel 2005 des Deutschen Jugendinstituts heraus. »Dieses Ergebnis ist ein weiterer Beleg dafür, dass es sich bei dem verbreiteten Stereotyp des eigenbrötlerischen, kontaktschwachen Einzelkinds um ein Vorurteil handelt.«[255] Ebenfalls hat die Tatsache, ob die Kinder bei ihren leiblichen Eltern, in einer Stieffamilie oder mit einem alleinerziehenden, erwerbstätigen Elternteil aufwachsen, keinen Einfluss auf die Freundschaftsbeziehungen von 8- bis 9-Jährigen.

Wer jedoch in armen Verhältnissen aufwächst, hat in der Regel weniger Freunde; jedes vierte von Armut betroffene Mädchen hat keine gute Freundin – das sind 2,5-mal so viele wie bei besser gestellten Mädchen. Auch Kinder, deren Familie eingewandert ist, müssen doppelt so häufig ohne guten Freund auskommen wie Kinder, deren Eltern von Geburt an die deutsche Staatsbürgerschaft haben.[256]

Daraus lässt sich schließen, dass auch in puncto Freundschaften nicht das Vorhandensein oder Nichtvorhandensein von Geschwistern den Ausschlag gibt, sondern soziale Gegebenheiten wie Armut oder Migration. Nicht Einzelkinder haben Mühe, Freundschaften zu knüpfen – wie das Vorurteil besagt –, sondern Kinder, die aus dem Ausland zugezogen sind oder deren Eltern arm sind.

Auch mit der Anzahl Kontakte sind Einzelkinder und Geschwisterkinder gleichermaßen zufrieden: Knapp zwei Drittel wünschen sich keine weiteren Kinder zum Spielen, gut ein Drittel hätte gerne mehr Spielkameraden. Was die Beliebtheit bei Mitschülern anbelangt, sieht die Situation für Einzelkinder und Geschwisterkinder ebenfalls gleich aus: Beide werden in der Schule gleich häufig als Spielkamerad gewählt und fühlen sich bei den Mitschülern gleichermaßen beliebt. Die These, dass nachgeborene Kinder dank ihres täglichen Umgangs mit Bruder oder Schwester sozial fähiger und beliebter als Einzelkinder sein sollen, findet im DJI-Kinderpanel 2005 ebenfalls keine Bestätigung.

Gerade das Gegenteil ließ sich beobachten: Jungen mit altersnahen Geschwistern haben weniger enge Freunde, die sie mindestens einmal pro Woche treffen. Bei Mädchen zeigt sich dieser Zusammenhang nicht.

Einzelkind-Mädchen schließen etwas leichter Freundschaften als Geschwisterkinder. Rund 82 % der Einzelkind-Mädchen sagen von sich, dass sie leicht Kontakt zu Gleichaltrigen aufnehmen. Einzelkind-Mädchen sind denn auch insgesamt zufriedener mit der Zahl der Freunde und Spielkameraden als Einzelkind-Jungen. Diese Zufriedenheit mit dem sozialen Netz haben sie mit Kindern gemeinsam, die mit nur wenig jüngeren oder älteren Ge-

schwistern aufwachsen, auch diese wünschen sich selten
weitere Spielkameraden. Offenbar kompensieren Einzelkind-Mädchen die fehlenden Geschwisterbeziehungen
mit größerer Offenheit für Freundschaften.

Einzelkinder differenzieren Freunde und Verwandte.
Werden Kinder gefragt, wen alles sie zu ihrer Familie im
erweiterten Sinne zählen, und sind Freunde, Nachbarn,
Tagesmütter, Lehrer oder Ähnliches als Nennungen möglich, so sagen die 8- bis 9-Jährigen mit Geschwistern von
knapp neun Personen, sie gehörten zur Familie. Einzelkinder nennen acht Personen. Erstaunlicherweise zählen
Einzelkinder ihre Freunde nicht zur erweiterten Familie.
Wie schon bei den Freundschaften ist die Schichtzugehörigkeit von Bedeutung: Einzelkinder aus unteren sozialen Schichten nennen signifikant kleinere Familiennetz-
werke als Kinder aus der Mittelschicht oder aus höheren
sozialen Schichten. Ob die Mutter voll erwerbstätig ist
oder nicht, spielt interessanterweise bei Einzelkindern von
acht und neun Jahren keine Rolle: Alle nennen gleich viele
(8) Familienmitglieder im erweiterten Sinn.

Das Vorurteil, wonach Einzelkinder Mühe haben, sich
in Gruppen wohl zu fühlen, ist ebenfalls überholt. Eine
Studie aus den 1980er Jahren belegte noch, dass Einzelkinder in ihrer Freizeit weniger an Gruppenaktivitäten
teilnahmen.[257] Möglicherweise liegt die Veränderung daran, dass in der Zwischenzeit viele Einzelkinder schon in
jungen Jahren in Krippen, Spielgruppen oder den Hort
gehen und deswegen eher an Gruppen gewöhnt sind. Auf
jeden Fall machen Einzelkinder mittlerweile gleich häufig
in Freizeitgruppen mit (Sportvereine, Musikschulen etc.)
wie Geschwisterkinder. Dort finden sie, wie Geschwisterkinder auch, weitere Freunde und Spielkameraden.

Nach diesen quantitativen Angaben, wie viele Freundschaften Einzelkinder im Vergleich zu Geschwisterkindern

haben, soll es zum Schluss noch darum gehen, was Freundschaften für Einzelkinder bedeuten. Dazu gibt es keine wissenschaftliche Studie, die sich explizit diesem Thema widmet. Die US-amerikanische Journalistin Ellie McGrath hat sich darüber in Form von Interviews kundig gemacht. Dabei kristallisierte sich heraus, dass Freundschaften Einzelkindern viel bedeuten und tief empfundene Beziehungen sind, die in mancherlei Hinsicht den Beziehungen zwischen Familienmitgliedern ähneln. McGrath vermutet, dass Einzelkinder Freundschaften mehr brauchen als Geschwisterkinder, denn enge Freundschaften bewahren das Einzelkind vor der Isolation.

Oft knüpfen Einzelkinder innige Beziehungen zu anderen Einzelkindern, so McGrath weiter. Sie sind ihnen gegenüber hilfsbereit und loyal, wie es Geschwister im Normalfall zueinander sind. Freundschaften zwischen Einzelkindern haben den Vorteil, dass die befreundeten Kinder weniger enttäuscht werden: »Ich glaube, dass Einzelkinder sich oft am engsten an andere Einzelkinder anschließen, weil ihre Freunde dann keine Geschwister haben, mit denen sie um Zuwendung und Loyalität konkurrieren müssten. Wir Einzelkinder werden nicht durch die Bedürfnisse von Geschwistern von unseren Freunden abgelenkt.«[258]

Freundschaften »unterliegen« Geschwisterbeziehungen in einigen Punkten, zum Beispiel in der Konstanz, die sie aufweisen, oder in der Dauer. In anderen Punkten sind sie aber bedeutsamer – nicht nur für Einzelkinder: Freundschaften werden als »partnerschaftlicher, wechselseitiger, gefühlsmäßig positiver besetzt«[259] erlebt und zeichnen sich durch mehr gemeinsame Aktivitäten aus. Vergleicht man bei Jugendlichen und jungen Erwachsenen, was ihnen Freundschaften und Geschwisterbeziehungen bedeuten, so kommt man zum überraschenden Ergebnis, dass sich auch Geschwisterkinder in der Mehrheit »ihren Freunden gefühlsmäßig näher fühlen als ihren Geschwistern«.[260]

Mit Freundinnen und Freunden spricht man häufiger über wichtige persönliche Dinge: über Partner und Bekanntschaften, anstehende Entscheidungen, auf die Zukunft bezogene Erwartungen, aktuelle Ereignisse, gemeinsame Interessen, gesundheitliche Fragen – und sogar häufiger über Kindheitserinnerungen (an sich ein typisches Geschwisterthema). Auch wird der Alltag häufiger mit Freunden verbracht. Mit Geschwistern spricht man lediglich häufiger über familienbezogene Inhalte. Und in den Urlaub verreisen jugendliche und junge erwachsene Geschwisterkinder auch häufiger zusammen.

Die Entwicklung, sich mit fortschreitendem Erwachsenenalter von der Ursprungsfamilie abzugrenzen und außerfamilialen Beziehungen zuzuwenden, ist ganz »normal«. Im Erwachsenenalter haben Einzelkinder wie Geschwisterkinder die Entwicklungsaufgabe, eine eigenständige Persönlichkeit aufzubauen und eigene Werte und Weltanschauungen zu finden. Freundschaften helfen dabei auf ausgezeichnete Art und Weise. Denn anders als Geschwisterbeziehungen erlauben Freundschaften auch grundlegende Veränderungen und Neuorientierungen. Bei großen persönlichen Veränderungen wie dem Umzug in eine andere Stadt oder bei Familiengründung brechen unter Umständen einige bestehende Freundschaften ab. In den allermeisten Fällen entstehen aber auch wieder neue, die die Situation, in die sich das Individuum begeben hat, besser widerspiegeln. »Freunde wählt man aus freien Stücken, und wenn man spürt, dass man sich ineinander geirrt hat, kann man sich trennen. Solch ein Schnitt tut weh, denn dafür gibt es keine Narkose. Doch die Operation ist möglich, und die Heilung der Wunde im Herzen auch«, schreibt das Einzelkind Erich Kästner in seiner Autobiographie.[261]

»Blut« ist vielleicht dicker als »Wasser«. Wer jedoch »Durst« nach persönlicher Veränderung hat, ist oftmals mit Wasser, sprich: mit Freundschaften, besser bedient.

Defizite von Einzelkindern in der Gruppe?

Die Achillesferse von Einzelkindern war ihre bescheidene Gruppenkompetenz – mit Betonung auf »war«. Lange Zeit galten Einzelkinder als gruppenuntauglich. Man ging davon aus, dass sie sich vor einer Ansammlung von Gleichaltrigen fürchteten und nicht wussten, wie man sich im größeren Verbund verhält, ohne zu dominieren oder sich aufzugeben.

Vor nicht allzu langer Zeit war die Vorschulzeit – und damit die prägendste Zeit für Kinder – völlig anders organisiert als heute. Kleinkinder aus wenig begüterten Familien wurden oft von den Großmüttern, Tanten, anderen Verwandten oder Nachbarn gehütet. Diese hatten selbst ihre Alltagsaufgaben zu erfüllen, sodass die anvertrauten Kinder »mitliefen«, womöglich den Erwachsenen halfen und ansonsten über weite Strecken sich selbst überlassen waren. Das galt nicht für andere Schichten: Besser gestellte Familien lebten schon im 19. Jahrhundert die bürgerliche Arbeitsteilung, wonach der Vater für die finanziellen Mittel und die Mutter für die Erziehung der Kinder und für den Haushalt zuständig waren. In Bauernfamilien, die äußerst selten nur *ein* Kind hatten, musste der Nachwuchs so früh wie möglich mitarbeiten.

Die anders organisierte Vorschulzeit wirkte sich auch im sozialen Verhalten aus. Einzelkinder lebten vor 110 Jahren in einer Gesellschaft, die ihnen kaum Gelegenheit bot, sich an Gleichaltrigengruppen anzupassen, wie der Blick in die Geschichte zeigt. Zum einen deshalb, weil sie Ende des 19. Jahrhunderts stark in der *Minderzahl* waren. Was immer sie taten, sie waren der Sonderfall, auf den die Gesellschaft nicht ausgerichtet war. Zum andern herrschte in den Schulen pädagogische Strenge, die Klassen waren groß, und die Lehrer setzten auf Disziplin. So fehlte den Einzelkindern damals schlicht die Möglichkeit, sich individuell angepasst und unter fachkundiger Anleitung an größere Gruppen wie den Kindergarten oder die Grundschule zu gewöhnen.

Doch das ist mittlerweile Geschichte. Heute ist der Besuch des Kindergartens in den meisten Ländern obligatorisch oder zumindest üblich. Und schon vor dem Kindergarten bestehen vielerorts und vor allem in Städten, wo die meisten Einzelkinder leben, verschiedene private und kommunale Angebote, (Einzel-)Kinder in der Gruppe betreuen zu lassen: in Spielgruppen, Kindertagesstätten und Ähnlichem. Dort widmen sich die (bezahlten) Erzieherinnen den anvertrauten Kindern, regen sie zum gemeinsamen Spielen an, basteln mit ihnen, machen Ausflüge, essen zusammen und vieles mehr. Die Möglichkeiten, gruppendynamische Prozesse zu erfahren und zu lernen, damit umzugehen, sind heute schon in ganz jungen Jahren zu haben. Selbst Einzelkinder, deren Eltern nichts vom freiwilligen außerfamilialen Angebot halten, müssen sich spätestens mit dem Besuch des Kindergartens in eine größere Gruppe einfügen. In Deutschland und Österreich ist das meistens ab drei Jahren der Fall.

Natürlich liegt der Grund, weshalb das familienexterne Kinderbetreuungsangebot in den meisten Ländern Europas ausgebaut wurde und noch immer wird, nicht in der Absicht, die Gruppenkompetenz von Einzelkindern zu fördern. Die Kinderbetreuung wurde entwickelt, damit die

Wirtschaft auf die Arbeitskraft von Frauen beziehungsweise Müttern zugreifen konnte. Deutschland ist bei der Erwerbstätigkeit von Müttern im europäischen Vergleich im Hintertreffen. Nach der Geburt eines Kindes reduzieren Frauen in Deutschland ihre Arbeitszeit stärker und über einen längeren Zeitraum als Mütter in Schweden, Frankreich und Italien. Insbesondere in den alten Bundesländern entscheiden sich Mütter oft gegen eine Erwerbstätigkeit. Unter den verheirateten Müttern, deren Partner eine höhere Bildung und ein höheres Einkommen haben, sind nur 40 % berufstätig, unter den anderen Müttern 60 %. Die vergleichsweise geringe Erwerbstätigkeit deutscher Mütter liegt vor allem an fehlenden flexiblen und qualitativ hochwertigen Betreuungsangeboten für unter 3-Jährige, wie es sie in Schweden und Frankreich gibt.[262]

Einzelkinder profitieren klar von familienexternen Betreuungsangeboten – sofern diese gut sind. Dann lernen Einzelkinder schon in jungen Jahren die grundlegenden sozialen Fähigkeiten, um bei gemeinschaftlichen Aktivitäten teilzunehmen. Meist gestaltet sich der Übertritt in den Kindergarten weniger einschneidend, wenn (Einzel-) Kinder vorher schon Krippenerfahrung gemacht haben.

Dem Kindergarten kommt in allen Ländern eine zentrale Bedeutung beim Erwerb sozialer Kompetenzen zu. In China dient er insbesondere der »Anpassung« der (Einzel-)Kinder an die moralischen Werte der Gesellschaft. Die Befürchtung, Einzelkinder könnten sich zu wenig gesellschaftskonform entwickeln, ist im Reich der Mitte stark verbreitet. So stammen einige Studien zur *Unangepasstheit* von Einzelkindern aus dem Reich der Mitte. Auch die Befürchtung, dass sich Einzelkinder den Eltern gegenüber *verantwortungslos* verhalten könnten, hat die Forscher auf den Plan gerufen. Mehr dazu erfährt man in den entsprechenden Kapiteln.

Vorurteil 12
Einzelkinder sind verantwortungslos

Viele westliche Gesellschaften leiden an Kindermangel und Überalterung. Nichts deutet darauf hin, dass sich die Bevölkerung bald verjüngen wird. Die Politik appelliert deshalb an die Paare, vermehrt Nachwuchs zu haben. DINKs (double income no kids, Paare mit doppeltem Einkommen und ohne Kinder) – gelten als Ausgeburt egoistischer Grundhaltung: Sie profitieren von der Gesellschaft und von den Leistungen des Staates, ohne mit Nachwuchs dazu beizutragen, dass die Bevölkerung eine gesunde Altersstruktur aufweist. Indem sich DINKs überhaupt nicht für eine ausgeglichene Jung-Alt-Verteilung einsetzen, gelten *sie* heutzutage als noch verantwortungsloser als Ein-Kind-Familien. Paare mit *einem* Kind haben zwar durchschnittlich 1,1 Kinder zu wenig, um die Bevölkerung vor dem Schrumpfen zu bewahren. Doch haben sie wenigstens *ein* Kind für die Zukunftssicherung beigesteuert und sind damit ihrer Verantwortung gegenüber der Gesellschaft zumindest teilweise nachgekommen.

Während des Babybooms, in der Nachkriegszeit bis 1965, war vieles anders. Damals galt die Familie als Keimzelle des Staates und drei, vier Kinder waren die Norm. Heute hat sich diese Haltung verändert. Würde der Staat noch immer auf die »Keimzelle Familie« bauen, hätte er einen schweren Stand. Die Zahl der Scheidungen hat zugenommen, die Familienstrukturen haben sich in zahlreiche verschiedene Variationen verwandelt, die mehr oder weniger gleichwertig nebeneinander bestehen: Patchwork-Familien, Ein-Eltern-Familien, Stieffamilien, Hausgemeinschaften etc. Heute ist der Staat anderweitig gefordert. Er hat die Alterspyramide positiv zu beeinflussen beziehungsweise Rahmenbedingungen zu schaffen, die es

Paaren erleichtern, mit und ohne Trauschein mehr Nachwuchs auf die Welt zu bringen.

Dass diese Zielsetzung anspruchsvoll und auch problematisch ist, zeigt der Blick nach China. Dort hat sich die Regierung 1979 rigoros in die Familientradition eingemischt, indem sie die Ein-Kind-Doktrin erklärte. China litt im Gegensatz zum Westen an Überbevölkerung, daher musste die Regierung etwas unternehmen, um die Versorgung der Menschen mit Nahrungsmitteln zu gewährleisten und die wirtschaftliche Entwicklung des Riesenreichs voranzutreiben.

Mittlerweile hat sich die Ein-Kind-Politik in den chinesischen Städten weitgehend etabliert und konnte sogar wieder etwas gelockert werden. In der Zwischenzeit muss auch China sich etwas einfallen lassen, um die ungünstigen »Nebenwirkungen« der Ein-Kind-Familien anzugehen. Es muss der markanten Abnahme junger Leute und der steten Zunahme älterer Menschen entgegenwirken. »China wird schneller alt, als es reich wird«[263], lautet ein geflügeltes Wort.

Im Reich der Mitte wirkt sich der Kinderschwund verschärft aus, weil es bisher kein funktionierendes Rentensystem gibt, in das alle einzahlen und von dem alle im Alter profitieren. Ältere Menschen sind auf die finanzielle und tatkräftige Unterstützung ihrer Kinder und Verwandten angewiesen sowie auf die Rentenzahlung des Betriebs, in dem sie gearbeitet haben (der nicht selten marode ist). Ohne Beistand ihrer Kinder haben es Eltern im Alter schwer. Bleibt die bisherige Pensionierungsgrenze (55 Jahre für Frauen, 60 für Männer) bestehen, werden 2040 pro Rentner nur noch zwei Erwerbstätige arbeiten.[264]

Vor diesem Hintergrund hat das vorhandene oder nicht vorhandene Verantwortungsgefühl von Einzelkindern in China eine viel weiter gehende Bedeutung als im

Westen. Handeln chinesische Einzelkinder als Erwachsene ihrer Herkunftsfamilie gegenüber verantwortungslos, so betrifft das die Eltern fundamental, weil dadurch ihre Altersversorgung gefährdet ist. So ist es nachvollziehbar, dass in China das Verantwortungsbewusstsein von Einzelkindern mehrfach wissenschaftlich untersucht wurde.

Die Forschungsresultate sind interpretationsbedürftig. Viele chinesische Eltern empfinden ihr Einzelkind schon im Vorschulalter als »little emperor«, als kleine verwöhnte Herrscher; mit zunehmendem Alter des Kindes verstärkt sich bei den Eltern das Gefühl noch, ihr Nachwuchs sei zu wenig gewissenhaft, pflichtbewusst und verantwortungsvoll. Doch darf man diese Befunde nicht unkommentiert stehen lassen, finden die Forscher selbst: »Der hohe Anteil negativer Beschreibungen [der Einzelkinder] sollte nicht als Zeichen von Feindseligkeit der Eltern gegenüber ihren Kindern gedeutet werden, sondern als Zeichen großer Besorgnis und des Wichtignehmens der Zukunft der Kinder«[265] – und der eigenen, müsste man vor dem skizzierten Hintergrund ergänzen.

Die erste Generation Einzelkinder in China ist erwachsen geworden, hat geheiratet und eine Familie gegründet. Diese Haushalte sind meist von jenen der Eltern weiter entfernt als früher, was die gegenseitige Unterstützung erschwert bis unmöglich macht. Zwischen Frauen und Männern besteht ein ungünstiges Zahlenverhältnis, es gibt zu wenig Frauen. Weibliche Föten werden häufig abgetrieben oder neugeborene Mädchen getötet, damit das Paar die Chance hat, als einziges Kind einen männlichen Stammhalter zu bekommen.[266] Sogar in China hat sich die Anzahl der »DINKs« vergrößert, was die bestehenden Probleme der fehlenden staatlichen Altersversicherung verschärft.[267] Auch in China beklagt man den Verlust der traditionellen Familienwerte.

Doch es gibt auch positive Entwicklungen. Viele erwachsene Einzelkinder in China haben mehr Verantwortungsgefühl, als Eltern und Lehrer ihnen nachsagen. Eine jüngere Studie stellt fest, dass junge erwachsene Einzelkinder gleich wie Geschwisterkinder beabsichtigen, ihren Eltern zu helfen, und eher dazu neigen, sich in der gleichen Stadt wie Vater und Mutter niederzulassen. Die Einzelkinder fühlen sich aufgrund ihres Status besonders verantwortlich für das Glück ihrer Eltern.[268]

Zahlreiche Einzelkinder sind schlicht überfordert von den widersprüchlichen Erwartungen, die die Eltern und der Staat an sie richten: Zum einen sollen sie die alten kulturellen Familienwerte wie Solidarität und Aufopferung hochhalten, zum andern werden sie gedrängt, sich egoistisch und marktwirtschaftlich zu verhalten, um einen möglichst lukrativen Posten zu ergreifen.

Chinesische Einzelkinder sind nicht wegen ihrer Geschwisterlosigkeit unfähig, alle Erwartungen zu erfüllen, schlussfolgert die taiwanesisch-amerikanische Ethnographin Vanessa Fong in ihrer letzten Studie. Der Grund dafür liegt vielmehr darin, dass sich die chinesische Gesellschaft so schnell verändert, dass sich niemand, auch Geschwisterkinder nicht, in diesem beschleunigten Wandel moralisch korrekt verhalten könnte.[269]

Einzelkinder im Westen haben es etwas leichter. Ihre Eltern sind häufig in der Lage, im Alter selbst für sich zu sorgen und von den Kindern finanziell unabhängig zu bleiben. Oft ist im Westen sogar die umgekehrte Situation der Fall: Die Eltern verfügen über mehr Vermögen als die Kinder. Das kann sich zwar schnell ändern, wenn die Eltern pflegebedürftig werden und es über viele Jahre hinweg bleiben und die Familien auch im Westen in finanzielle Bedrängnis geraten. Nicht wenigen erwachsenen Einzelkindern macht die Vorstellung, dass sie nicht über die finanziellen Mittel verfügen, um ihren Eltern im Pflegefall ein würdiges Dasein zu ermöglichen, Sorgen.

Sorgen machen sich Einzelkinder auch in anderen Bereichen. Es hat sich in mehreren Studien[270] herausgestellt, dass Einzelkinder im Westen sehr verantwortungsvoll denken und fühlen – fast zu verantwortungsvoll. Die intensive Beziehung zu den Eltern führt bei vielen dazu, dass sie sich zum Teil schon schuldig fühlen, wenn sie ganz normale Entwicklungsschritte machen.

Das ist zum Beispiel der Fall, wenn sie von zu Hause ausziehen, um an einer Universität zu studieren. Sie haben Skrupel, ihre Eltern alleine zurückzulassen, spüren starke Verlust- und Schuldgefühle während des Trennungsprozesses. Viele beschreiben große Ängste und fühlen sich schlecht, weil sie glauben, ihre Eltern mit ihrer Entscheidung, auszuziehen, (ungewollt) zu verletzen. Sie empfinden ihren Auszug von zu Hause als »Verrat« an der innigen Beziehung zu den Eltern. Alle Beteiligten müssen einen neuen, selbständigeren Umgang miteinander finden. Das ist ein langer Prozess, der zum Erwachsenwerden gehört. Es ist dabei gerade für Einzelkinder wichtig, dass sie das Gefühl haben, dass die Beziehung zu den Eltern bestehen bleibt. »Beide Parteien müssen daran glauben, dass sie durch die neue Unabhängigkeit wachsen und vorwärtskommen, und dass sie noch immer geliebt werden.«[271] Im Idealfall wird das Einzelkind auch dann von den Eltern unterstützt, wenn es eine Entscheidung trifft, die den Eltern nicht gefällt.

Auch in eigenen Belangen fühlen sich Einzelkinder verantwortlicher als Geschwisterkinder. Sie glauben eher, dass sie das, was ihnen zustößt, selbst zu verantworten haben. Wenn sie zum Beispiel in der Schule eine schlechte Prüfung schreiben, beziehen sie das auf ihr eigenes Tun und Lassen, etwa auf mangelnde Vorbereitung oder Unkonzentriertheit. Geschwisterkinder tendieren eher dazu, äußeren Faktoren die Schuld zuzuweisen, indem sie beispielsweise glauben, die Prüfung sei zu schwierig gewesen. Einzelkinder bilden eine stärkere innere Kontrollüberzeugung aus[272], benennen Psychologen dieses Phänomen.

Der positive Aspekt besteht darin, dass sich Einzelkinder eher »selbstwirksam« fühlen, das heißt eher selbstbestimmt als fremdgesteuert wahrnehmen. Sie folgen ihren eigenen Vorstellungen und verändern ihren Lebensweg möglichst so, wie sie es möchten. Sie empfinden sich eher als »Herr der Lage« in Situationen, die sie selbst herbeigeführt haben, und lassen sich nicht so leicht durch Gefühle der Angst oder der eigenen Unzulänglichkeit von den selbst gesetzten Zielen abbringen. Der negative Aspekt besteht darin, dass es die Einzelkinder auch überfordern und Stress auslösen kann, wenn sie sich immer für alles selbst verantwortlich fühlen.

Dass das beim Betreuen der alten Eltern nicht der Fall ist, dazu verhilft den Einzelkindern ihre Fähigkeit, sich gut auf Ältere einlassen zu können. Einzelkinder entfalten leichter Mitgefühl, wenn sie mit hilfsbedürftigen Personen konfrontiert sind, die ihnen unähnlich sind, insbesondere die viel älter sind.[273] Wenigstens auf emotionaler Ebene haben Einzelkinder mit ihren alt werdenden Eltern tendenziell weniger Mühe. Die enge Beziehung zu den Eltern, die weder durch Neid noch durch Eifersucht auf Geschwister getrübt wurde, hilft ihnen, wenn sich die Betreuungsverhältnisse umkehren und die Eltern auf ihr Kind angewiesen sind.

Hintergrund
Wie verbreitet sind Einzelkinder? –
Zahlen und Entwicklungen

Wie viele Einzelkinder gibt es in Deutschland? Die Frage
ist nicht einfach zu beantworten. Die Statistik nennt für
2005 die hohe Zahl von 51,6 % Ein-Kind-Haushalten.
Laut dieser Angabe wären Einzelkinder in Deutschland
in der Mehrheit. Die Familienforscher winken jedoch ab.
Ihren Hochrechnungen zufolge findet man Einzelkinder
nur gerade in rund 20–30 % der Familienhaushalte.

Die Erklärung der Diskrepanz: *Ein-Kind-Familien* dürfen nicht mit »Einzelkindern« gleichgesetzt werden. In
den 51,6 % Ein-Kind-Haushalten sind auch Erstgeborene
inbegriffen, die noch ein Geschwister bekommen werden;
ebenso Jüngste, deren Geschwister bereits so alt ist, dass es
den Familienhaushalt verlassen hat, sodass nur noch *ein*
Kind im Haushalt lebt.

Das DJI-Kinderpanel kommt auf einen markant geringeren Anteil an »echten« *Einzelkindern*, nämlich auf
20 %: »Nur etwa jedes fünfte der heute 6- bis 9-jährigen
Kinder bleibt Einzelkind, jedes zweite wächst mit einem
Geschwister auf und jedes dritte mit zwei oder mehr Geschwistern.«[274] Auch der deutsche Familienforscher Hartmut Kasten schätzt, dass »die Zahl der Kinder, die wirklich
zeitlebens ohne Geschwister bleiben, deutlich unter 30 %
liegen dürfte«.[275]

An einer anderen Stelle schreibt Kasten, dass der Anteil an »Kindern unter 18 Jahren ohne Geschwister« seit
gut zehn Jahren konstant bei 31,5 % Prozent liege – das
sind weder die 51,6 % Ein-Kind-Haushalte aus dem statistischen Jahrbuch noch sind es die 20 % »wahren Einzelkinder«, die wirklich keine Geschwister haben. Es sind *alle
Kinder bis 18 Jahre*, die *ältere Geschwister haben, die aus*

dem elterlichen Haushalt ausgezogen sind, sowie jene Kinder bis 18 Jahre, die *gar keine Geschwister* haben. – Man sieht, bei der Interpretation von Statistiken kommt es auf jedes Wort an.

In Deutschland werden alles in allem wenige Kinder geboren. Nur in 23 % der deutschen Haushalte wachsen heute noch Kinder auf.[276] Von diesen Wenigen wächst aber immer noch die Mehrheit mit einem Geschwister auf. Jedes dritte Kind hat sogar zwei oder mehr Geschwister. »Der seit Jahren anhaltende Geburtenrückgang schlägt sich bisher also nicht in einer prozentualen Zunahme von Einzelkindern nieder, sondern führt in erster Linie zu einem Anstieg Kinderloser und zu einer Abnahme der Zahl von Familien mit drei und mehr Kindern.«[277]

Etwas andere Zahlen werden genannt, wenn man innerhalb Deutschlands zwischen den alten und den neuen Bundesländern unterscheidet. »2005 waren 49 % der über 10,0 Millionen westdeutschen Familien und 62 % der über 2,5 Millionen ostdeutschen Familien Ein-Kind-Familien.«[278] »Echte« Einzelkinder sind gemäß DJI-Kinderpanel 2005 in Ostdeutschland mit 26 % der Kinder und in Westdeutschland mit 18 % vertreten.

Bemerkenswert: In Ostdeutschland hat die Zahl der Ein-Kind-Familien in den letzten neun Jahren deutlich zugelegt. »Die Entwicklung zur Ein-Kind-Familie ging in Ostdeutschland vor allem mit einem Rückgang der Familien mit zwei Kindern einher.«[279] In Westdeutschland hingegen ist die Verteilung der Familien mit einem, zwei respektive drei Kindern in den letzten zehn Jahren in etwa gleich geblieben.

Soweit die aktuelle Bestandsaufnahme. Interessant wäre nun zu wissen, wie die Entwicklung über die letzten 100 Jahre aussah. Die Verbreitung von Einzelkindern änderte sich mehrmals im Laufe der Jahrzehnte. Für die USA ließen sich genügend Daten aus den verschiedenen Büchern und Aufsätzen zu Einzelkindern herauslesen. Für Deutschland war das nicht möglich, da dort allgemein viel weniger zu Einzelkindern geforscht wird. Außerdem führt das deutsche Statistische Bundesamt wie alle statistischen Ämter Einzelkinder nicht separat auf.

Werfen wir deshalb einen letzten Blick auf die USA. Die Entwicklung der Einzelkindzahlen dort unterscheidet sich nicht grundsätzlich von jener in Deutschland. Vor allem die großen Schwankungen sind gleich: Um 1880 gab es viele Kinder und sehr wenige Einzelkinder. Während der Weltwirtschaftskrise Ende der 1920er Jahre und Anfang der 1930er Jahre gab es wenige Kinder und relativ viele Einzelkinder. Nach dem Zweiten Weltkrieg setzte (in Deutschland mit etwas Verzögerung) der Babyboom ein, und es gab wieder weniger Einzelkinder. Seit den 1980er Jahren gehen die Geburtenraten in den meisten Industrienationen zurück. Seit Mitte der 1990er Jahre bis in die Gegenwart bleibt die Anzahl der Einzelkinder in Deutschland und in den USA relativ konstant bei rund 20 %.

Die Verbreitung von Einzelkindern in den USA

Als die Staatsgrenzen Amerikas 1820 einigermaßen feststanden, wurden die Geburten zum ersten Mal statistisch erfasst. Damals bekamen die Frauen durchschnittlich sieben bis acht Kinder, von denen gewöhnlich fünf überlebten.[280]

Um 1898 hatte in den USA gerade einmal jedes 13. Paar nur *ein* Kind (knapp 8 %). Die Norm waren damals durchschnittlich sechs Kinder.[281] Doch dann entwickelten sich die USA um 1900 immer mehr von einer Agrar- zu einer urbanen Gesellschaft, und die Geburtenrate begann zu sinken.

Anfang der 1930er Jahre brach die Geburtenrate mit der Weltwirtschaftskrise auf rund 2,2 Kinder pro Frau ein.[282] Viele Paare konnten sich aus wirtschaftlichen Gründen kein Kind leisten. Mehr als 20 % blieben kinderlos. Weil die Leute wegen der miserablen Wirtschaftslage allgemein wenige Kinder hatten, waren Einzelkinder nichts Außergewöhnliches, und man begegnete ihnen ohne Vorbehalt. Einzelkinder waren durch die Krise »legitimiert«. Etwa 20–30 % der Frauen hatten nur *ein* Kind.[283]

Mit dem Zweiten Weltkrieg stieg die Geburtenrate in den USA wieder an. Der gesellschaftliche Druck, mehrere Kinder zu bekommen, verschärfte sich. Es wurde Ehepaaren gar verboten, nur *ein* Kind zu adoptieren, »weil ein einsames einziges Kind als Gefahr für sich selbst und seine Familie betrachtet wurde«.[284]

Nach dem Ende des Zweiten Weltkrieges setzte der sogenannte Babyboom ein, der in den USA von 1946 bis 1964 dauerte, bis die Antibabypille in den USA größere Verbreitung fand. Während des Booms hatten Familien durchschnittlich drei bis vier Kinder. Das waren harte Zeiten für Einzelkinder, sie wurden wieder zu misstrauisch beäugten Sonderfällen. Nur etwa 15 % der Frauen hatten nur ein Kind.[285]

Mitte der 1960er Jahre ging der Babyboom zu Ende. Die Kinderzahl sank erneut und erreichte 1975 den gleichen Tiefstand von 2,2 Kindern pro Frau wie während der Weltwirtschaftskrise. Wie damals hatten rund 20–30 % der Frauen nur *ein* Kind.[286]

Die Normfamilie in den USA bestand in den 1970er Jahren noch aus zwei bis drei Kindern – doch bereits 1977 verkündeten die amerikanischen Soziologen Sharryl Hawke und David Knox: »Die Zeit für die Ein-Kind-Familie ist gekommen.«[287] Von 1970 bis 1984 stieg der Prozentsatz an Frauen mit weniger als zwei Geburten von 18 auf 36 %[288] (darin inbegriffen sind neben den Einzelkindmüttern wohl auch die kinderlosen Frauen).

Mitte der 1980er Jahre konstatierte man in den USA und in den meisten anderen industrialisierten Nationen eine Periode »extrem tiefer Fruchtbarkeit«[289] mit einer durchschnittlichen Geburtenrate von nur gerade 1,5 Kindern pro Frau. Der Grund dafür lag nicht allein in der Verbreitung der Antibabypille, sondern in veränderten Ehe- und Familienvorstellungen. Früher war die Ehe vor allem ein ökonomisches Arrangement gewesen. In den 1980er Jahren wurde sie ein Lebensabschnitt, der mehr mit Selbstverwirklichung als mit wirtschaftlichen Überlegungen zu tun hatte und auf Freiwilligkeit beruhte. Junge Frauen wollten mehr und mehr Beruf und Familie verbinden, oder sie vermieden es, Mutter zu werden. Das führte dazu, dass immer weniger Frauen zwei Kinder und mehr zur Welt brachten.

Zwischen 1978 und 1990 stieg die Zahl der Frauen, die nur *ein* Kind hatten, signifikant an. Im Jahr 1999 wuchsen etwa 20 % der amerikanischen Kinder ohne Geschwister auf.[290] Diese Zahl ist bis 2005 relativ konstant geblieben.[291] Damit wachsen in den USA heute prozentual gesehen in etwa gleich viele Einzelkinder auf wie in Deutschland.

Vorurteil 13
Einzelkinder sind unangepasst

Wenn Einzelkinder unangepasst wären, hätte das weitreichende Konsequenzen. Wer sozial nicht ins Umfeld passt, in dem er lebt, wird abgelehnt und an den Rand gedrängt. Soziale Kompetenz erwerben bedeutet immer auch, sich in eine Gesellschaft integrieren. Das geschieht, indem man sich die herrschenden Werte und Normen aneignet, die nicht überall gleich sind. In Europa ist der Prototyp eines angepassten Menschen ein anderer als in den USA oder in China. Je nach Kulturkreis werden andere Persönlichkeitsmerkmale und »Tugenden« als erstrebenswert erachtet. Von Generation zu Generation verändern sich diese etwas, verschieben sich die Gewichtungen leicht, was in China derzeit sogar rasant geschieht.

Vor 20 Jahren, in der ersten Generation nach Einführung der Ein-Kind-Politik, waren bei chinesischen Schulkindern Tugenden angesagt wie »sanft, möchte gemocht werden, selbstlos, um die Gefühle anderer besorgt, nie eigensinnig oder aggressiv, respektiert fremden Besitz, achtet Ältere, bescheiden, lügt nie, schreibt bei den Hausaufgaben nie ab, teilt seine Sachen mit anderen«[292]. Bereits eine Generation später hat sich ein Teil der Tugenden den Anforderungen der Marktwirtschaft angepasst. Heute gelten bei Schulkindern diszipliniert, strebsam und wettbewerbsorientiert als wichtig.

Im Westen ist eine »extrovertierte, offene, durchsetzungsstarke, altruistische und sensible Persönlichkeit« das Profil, das allgemein auf Anerkennung und Akzeptanz stößt, darin sind sich die verschiedenen psychologischen Theorien einig. Im Gegensatz dazu wird eine »introvertierte, aggressive und egoistische Persönlichkeit« in der Regel in der Gruppe abgelehnt.[293]

Im Osten wie im Westen sieht man also im Allgemeinen einen Zusammenhang zwischen Persönlichkeitsmerkmalen und dem Grad, wie gut jemand in sein soziales Umfeld eingebunden ist: Weist ein Kind allgemein akzeptierte Merkmale auf, wird es sich besser integrieren, mehr Unterstützung in der Gruppe erhalten, gerne in der Gruppe sein und wichtige Soft Skills lernen (z.B. hilfsbereit zu sein, Teamarbeit zu leisten). Es wird sich insgesamt erfolgreicher fühlen.[294]

Von Einzelkindern wird angenommen, dass ihnen das jahrelange »Abschleifen« von Ecken und Kanten ihrer Persönlichkeit in der Auseinandersetzung mit Geschwistern fehle. Einzelkinder lernen wegen der fehlenden Geschwister entscheidende Gruppenkompetenzen nicht: streiten und sich einfügen, verhandeln und für seine Überzeugung kämpfen, Kompromisse schließen, eigene Bedürfnisse hintanstellen, Spannungen aushalten und starke Gefühle wie Eifersucht oder Neid zugunsten des Gemeinschaftsgefühls beherrschen. Einzelkinder lernen das alles nur mit ihren Eltern, Verwandten und Freunden. Die große Frage lautet: Reicht das oder machen nur Geschwister gruppentauglich? Die Antwort lautet: Es reicht, wenn Einzelkinder schon früh regelmäßig Gruppenerfahrungen machen, in Kindertagesstätten, Tagesfamilien oder im Kindergarten.

Das tun Einzelkinder seit längerem in den meisten Ländern. Im Osten wie im Westen gehen (Einzel-)Kinder schon zwischen ein und fünf Jahren in den Kindergarten. Er ist überall das erste »offizielle« Übungsfeld, wo sich Kinder mit und ohne Geschwister soziale Kompetenzen aneignen und grundlegende Regeln des Zusammenlebens erlernen. Zum Beispiel: Man drängelt nicht vor und lässt die anderen auch zum Zug kommen; man löst Konflikte nicht mit Gewalt; man erfüllt sich nicht ausschließlich die eigenen Wünsche, sondern ordnet sich auch einmal dem Interesse der Gruppe unter etc.

Welche Bedeutung dem Kindergarten zukommt, zeigt das finnische Bildungswesen, das weltweit als eines der besten gilt: In Finnland haben die leitenden Erzieherinnen Abitur und ein Hochschulstudium (wie in Japan und Ungarn auch).

In China legt man im Kindergarten außerdem Wert auf

die Vermittlung moralischer Werte, zum Beispiel: Man zeigt Respekt gegenüber Älteren und ist dankbar. Chinesische Kinder, die den Kindergarten besucht haben, werden von ihren Lehrern denn auch als tugendhafter angesehen als Kinder, die ihn nicht besucht haben.[295] – Etwa 12 % der Kinder haben Mühe in der Gruppe und zeigen Verhaltensprobleme, sowohl in China als auch in den USA.[296] In Deutschland sind es ähnlich viele. »In 13 bis 17 % der Fälle weisen die Kinder kritisch einzuschätzende Probleme im Sozialverhalten auf. Es handelt sich dabei um gravierende Erlebens- und Verhaltensprobleme wie Aggression, Ängste, Delinquenz, Depression, Hyperaktivität, Drogenabhängigkeit oder Essstörungen.«[297]

Je besser die Jungen im Kindergarten lernen, sich in die Gruppe zu integrieren, desto besser stehen ihre zukünftigen Bildungschancen. Die Qualität ihrer Freundschaften spielt dabei eine wichtige Rolle – und die ist bei Einzelkindern sehr gut. Die Entwicklungspsychologin Laura E. Berk: »Wenn Kinder mit ihren Freunden die Kindergartenjahre beginnen oder es ihnen leichtfällt, neue Freunde zu gewinnen, gelingt auch die Anpassung in der Schule wesentlich besser (…). Durch Freundschaften scheinen sich Kinder auf eine Weise in ihrer Lernumgebung zu integrieren, die sowohl die akademische wie auch die soziale Kompetenz fördert.«[298] Einzelkinder sind nun erwiesenermaßen extrovertierter, und sie sind es gewöhnt, Freundschaften zu schließen. Insofern stehen ihre Chancen gut, dass sie genügend soziale und akademische Kompetenz entwickeln, um in der Schule zu bestehen.

Eine neuere Untersuchung bestätigt diese Annahme für Deutschland: Einzelkinder entwickeln im selben Maße soziale Kompetenz wie Geschwisterkinder. Laut Deutschem Jugendinstitut lassen sich »keine Belege dafür finden, dass Geschwisterkinder aufgrund des täglichen Umgangs mit

...ern bzw. Schwestern mehr soziales Feingefühl ent-
...eln als Einzelkinder und deshalb Vorteile im Umgang
...... Peers hätten«.[299]

Dieser positive Befund wird jedoch nicht von allen
geteilt. Zum Beispiel nicht von Einzelkindern, die noch
nicht erwachsen sind. Diese schätzten sich in den 1980er
Jahren signifikant weniger sozial ein, als andere sie einstuften.[300] Den Grund dafür kennt man nicht. Die kritischen Studien sind sich zwar einig, dass sich die Unterschiede zwischen Einzelkindern und Geschwisterkindern
bis ins Erwachsenenalter »auswachsen«[301] und dass sich
erwachsene Einzelkinder in Bezug auf ihre sozialen Fähigkeiten nicht von erwachsenen Geschwisterkindern unterscheiden. »Zusammenfassend kann also uneingeschränkt
und eindeutig auf der Grundlage des wissenschaftlichen
Erkenntnisstandes das Vorurteil, Einzelkinder seien in
sozialer Hinsicht beeinträchtigt, als unzutreffend zurückgewiesen werden.«[302] Doch im Schulalter zeigen Einzelkinder gelegentlich Mängel in ihrer Gruppenkompetenz: Sie
wurden in der Grundstufe weniger gemocht und weniger
akzeptiert. Sie waren entweder aggressiv in der Gruppe
oder zogen sich im Konfliktfall zurück, und sie wurden in
der Klasse eher gehänselt.[303]

Die Studienautorinnen fragten sich, welche sozialen
Fähigkeiten einen befähigen, in der Gruppe akzeptiert
zu werden. Die Antwort lautet: Wärme, Engagement und
Konfliktfähigkeit. Kinder, die Spiele initiieren und auf-
rechterhalten, die verhandeln, Kompromisse schließen
und Konflikte lösen, sind in der Klasse beliebt. Kinder hingegen, die aggressiv sind oder sich zurückziehen, werden
von den Gleichaltrigen eher abgelehnt. Offenbar fallen
darunter auch Einzelkinder. Ob und wie genau sich das
mit den Jahren auswirkt, kann die Studie nicht beantworten. Die Autorinnen vermuteten, dass das Verhalten von

Einzelkindern zu Anpassungsproblemen führen könnte, untersucht haben sie das allerdings nicht.

Auch in China konnte man beobachten, dass einige Einzelkinder in der Schule nicht fähig waren, sich den Ansprüchen der Gesamtheit unterzuordnen. Das zeigte sich insofern, als sie schnell enttäuscht waren und ihre Enttäuschung kaum überwinden konnten, wenn etwas anders lief, als sie wollten. Ein Beispiel: Nachdem eine Klasse lange für eine Theateraufführung geprobt hatte und sich am Schluss keine Zeit mehr fand, das Erarbeitete den anderen vorzuspielen, waren viele Einzelkinder untröstlich und enttäuscht.»A world of spoiled elite«, nannte die Ethnologin Vanessa Fong die chinesischen Einzelkinder, die sie in ihrer Feldforschung näher kennenlernte.[304] Da sich dieses Urteil zwar auf viele, letzten Endes aber nur auf Einzelfälle abstützt, lassen sich Fongs Erfahrungen jedoch nicht verallgemeinern. Auch fehlt in Fongs Studie der Vergleich mit Geschwisterkindern: Diese wären in der erwähnten Situation wohl ebenfalls enttäuscht gewesen.

Hintergrund
Geschichte und Geschichten zur Unangepasstheit

Das Verdikt »unangepasst« ist das am häufigsten untersuchte und älteste Vorurteil gegenüber Einzelkindern. Bereits die erste bekannte Einzelkindstudie aus dem Jahr 1898 kommt zu diesem Urteil. Sie stammt vom Begründer der amerikanischen Entwicklungspsychologie, G. Stanley Hall. Hall war in seiner Zeit eine Koryphäe. Er versuchte als Erster, die Psychologie als empirische Wissenschaft zu etablieren, wurde 1889 bei der Gründung der Clark University der Präsident dieser zweitältesten Universität der USA, war der Begründer der American Psychological Association und gab eine Zeitschrift zur Entwicklungspsychologie heraus, in der er regelmäßig eigene und fremde Forschung vorstellte – unter anderem eine für damalige Verhältnisse große Untersuchung über »außergewöhnliche und besondere Kinder«, die er 1895 zusammen mit seinem Kollegen E. W. Bohannon von der Clark University begann.

Um zu Daten zu kommen, verschickten die Forscher 1895 an zahlreiche Lehrpersonen verschiedener Schulstufen einen Brief. Sie fragten die Lehrkräfte an, ob sie es schon einmal mit Kindern, die in irgendeiner Form aus dem Durchschnitt herausragten, zu tun gehabt hätten. Falls ja, sollten sie die Fälle »wahrheitsgetreu« beschreiben und auch notieren, ob die Besonderheiten vererbt seien oder nicht.

Der Rücklauf war enorm. 1045 Beschreibungen von physisch oder psychisch auffallenden Kindern erhielten die Forscher zugeschickt: außergewöhnlich schöne und hässliche, große und kleine, körperlich deformierte, auffällig vernarbte Kinder, taube und starke, flinke und ungeschickte; ungewöhnlich mutige und schüchterne Kinder, besonders saubere und dreckige; ordentliche und unordentliche, gehorsame und ungehorsame, besonders wahrheitsliebende und lügende, grausame, sympathische, selbstsüchtige, großzügige, gesprächige, schweigsame, außerordentlich offenherzige und verschlossene Kinder, besonders frohgemute und niedergeschlagene, blasierte und verwöhnte Kinder; junge Zweifler, Possenreißer, Ruhelose, Wankelmütige, Schusselige, Starrköpfige …

Nach bestem Wissen und Gewissen gingen Hall und sein Kollege Bohannon die zugesandten Beschreibungen durch, schufen Kategorien, versuchten Auffälligkeiten und Tendenzen zu erkennen – und wurden insbesondere bei Einzelkindern fündig: Jedes zwanzigste außergewöhnliche und besondere Kind war ein Einzelkind. Es waren 46 insgesamt, was damals eine große Anzahl war.

Die 46 Einzelkinder konnten nicht unter die besonders starken oder außergewöhnlich hilfsbereiten Kinder eingereiht werden. Sie fielen im Gegenteil als »kränkelnd, beeinträchtigt, kraftlos und nervös« auf, gingen tendenziell später als die anderen und unregelmäßig in den Schulunterricht, und ihr Schulerfolg fiel unterdurchschnittlich aus.

Wie sah es mit ihrer Angepasstheit und mit ihrer sozialen Kompetenz aus? Den Forschern erschien es von Anfang an klar, dass Einzelkinder im sozialen Bereich nicht würden mithalten können. Die zugesandten Fallbeispiele bestätigten Halls und Bohannons Annahme: »Das Einzelkind ist defizitär in sozialen Belangen. Der Großteil scheint nicht gut mit anderen Kindern zurechtzukommen, weil sie einander nicht verstehen. Um sich zu helfen, flüchtet es sich häufig in eingebildete Kameradschaften.«[305]

»Eingebildete Kameradschaften« waren für Hall und Bohannon kein zufälliges Phänomen. Es schien ihnen typisch für alle Einzelkinder: »Einbildungskraft charakterisiert viele Kinder aus der Gruppe der Einzelkinder und anderer Kinder, die aus irgendwelchem Grund keine gleichaltrigen Kameraden haben. Solche Kinder suchen Zuflucht in eingebildeter Gesellschaft.« Immerhin fanden die Forscher die imaginierten Freunde der Einzelkinder »interessant« und »verschiedenartig«. »Angebrannte Streichhölzer, Rosskastanien, Puppen oder eine veränderte Stimmlage dienen ihnen als Gefährten.«

Hall und Bohannon befürchteten jedoch, dass die ausgeprägte Einbildungskraft die Einzelkinder auf die schiefe Bahn bringen könnte: »Nicht wenige scheinen sich zu Schwindlern oder gar Lügnern zu entwickeln.«

Nach diesen ersten Beobachtungen 1896 beschlossen

die frühen Entwicklungspsychologen zwei Jahre später, die Einzelkinder genauer und in einer separaten Studie[306] zu untersuchen. Wieder verschickten sie einen Brief mit einem Fragebogen. Dieses Mal erkundigten sie sich neben Alter, Geschlecht, Nationalität nach dem Temperament, Charakter, Aussehen und Gesundheitszustand von Einzelkindern; sie wollten wissen, ob die Einzelkinder verstorbene Geschwister hatten, wie sie mit Gleichaltrigen zurechtkamen, wie viel Zeit sie mit Spielen zubrachten und welche Spiele sie bevorzugten; welches ihre besten und welches ihre schlechtesten Charakterzüge waren; was ihre Talente und was ihre Defizite. Außerdem wollten die Wissenschaftler erfahren, was für Eltern und Verwandte sie hatten.

So kamen 381 Beschreibungen von Einzelkindern zusammen. Davon waren 256 korrekt und vollständig ausgefüllt. Die Mehrzahl (259) stammte (wie bereits 1896) von einer gewissen Miss Williams, Lehrerin an der New Jersey State Normal School in Trenton. Das jüngste beschriebene Einzelkind war zwei, das älteste 35 Jahre alt.

Einige der Einzelkinder hatten ursprünglich Geschwister gehabt. Die waren jedoch meist vor dem fünften Geburtstag gestorben. In wenigen Fällen hatten sich die Eltern scheiden lassen, und die Einzelkinder wuchsen deshalb ohne Geschwister auf. Die Einzelkinder stammten meist von amerikanischen Eltern ab; es gab aber auch deutsche, englische, schottische, jüdische, irische und gemischte Familien.

Für Psychologe Bohannon war klar: Die Beschreibungen der einzelnen Einzelkinder offenbarten deren Charakter und Persönlichkeit (und nicht die Ansichten der Schreibenden). Einige Fallbeschreibungen kamen ihm so »typisch« vor, dass er sie stellvertretend für die ganze »Klasse« der Einzelkinder zitierte. Dazu gehörte auch die

Beschreibung eines 8-jährigen Mädchens, M. genannt, das an sich liebenswürdig war, sich jedoch so ausgeprägt in eingebildeter Freundschaft erging, dass es darüber den Kontakt mit den realen Kameradinnen und Kameraden vernachlässigte:

»Mädchen, 8 Jahre, Amerikanerin. Selbstbezogen, aber speziell sensibel auf Tadel. Physisch gut entwickelt und ohne Defekt, außer schwache Augen. Sie ist es gewohnt, alleine zu spielen oder mit älteren Personen. Eines Morgens, etwa zwei Monate, nachdem sie in den Kindergarten gekommen war, nahmen die Kinder wie immer Platz (...) M. hatte einen Stuhl neben sich reserviert. Als ich [die Lehrerin, Anm. d. Autorin] den leeren Stuhl bemerkte, sagte ich P., er solle neben M. sitzen. Einige Kinder entgegneten, ›aber M. wird niemanden neben sich sitzen lassen. Sie sagt, es sei für ihren Freund.‹ Nach kurzem Nachdenken erinnerte ich mich, dass M. mich am Morgen begrüßt hatte mit ›Miss, ich habe einen kleinen Freund mitgebracht!‹ Da ich kein Kind sah, glaubte ich, die Mutter bringe den kleinen Freund später. Ich erinnerte mich auch, dass sie einen leeren Stuhl neben sich hatte während der Geschichte im Kreis. Ich rief sie zu mir und fragte sie, was sie meine. Sie sagte, ich hätte ihnen erlaubt, einen kleinen Freund in die Schule mitzubringen, und sie hätte ihren mitgebracht. Ich sagte ihr, ich sähe niemanden, und fragte, wo er sei. Er sei im Umkleideraum, antwortete sie. Wir gingen hinaus, um ihn hineinzubringen. Sie sprach die ganze Zeit und erklärte, es sei ihr Freund, mit dem sie zu Hause spiele. Im Umkleideraum rannte sie zum anderen Ende des Raums und tat dabei so, als würde sie die Hand eines Kindes halten, das etwas jünger als sie selbst war, und führte ihn zu mir. Ich tat so, als würde ich seine Hand schütteln und fragte nach seinem Namen. Es war J. (...)«[307]

Das Erstaunliche am Fall M.: Die Kindergärtnerin reagierte nicht harsch, sondern einfühlsam auf M.s eingebildeten Freund. Sie bat das Mädchen am Ende des Kindergartentages, J. in Zukunft doch bitte zu Hause zu lassen, da es sonst keine Zeit fände, mit den anwesenden anderen Kindern zu spielen, und das würden diese schade finden. Die Intervention wirkte. M. kam von da an ohne J. und wandte sich ihren realen Kameraden zu.

Das Beispiel von M. zeigt sehr schön: Es kommt stark auf den Blickwindel an, unter dem der Wissenschaftler die beschriebenen Einzelkinder betrachtet. Da Bohannon bei Einzelkindern a priori Defizite vermutete, konstatierte er auch vor allem Nachteiliges, eben M.s eingebildeten Freund. Die positiven Aspekte übersah er. Im Fall von M. zum Beispiel die Leichtigkeit, mit der das Mädchen von ihrem Phantasiefreund Abstand nahm und sich in die Kindergartengruppe integrierte.

Weiter fällt in den von Bohannon und Hall gesammelten Fallbeispielen auf, wie häufig Einzelkinder schon damals problemlos mit den Anforderungen in Schule und Arbeit zurechtkamen. »Hat Erfolg in der Schule, ist sehr lernbegierig«, notierten die Informanden häufig, oder »ihr Erfolg bei der Arbeit ist gut«. Doch diese häufige Nennung von Schulerfolg passte nicht zu Bohannons Beobachtung, dass Einzelkinder »ein bis zwei Jahre später« zur Schule gehen. Eigentlich hätte er daraus schließen müssen, dass Einzelkinder besonders intelligent sind und den zeitlichen Abstand zu ihren Kollegen dank ihrer intellektuellen Fähigkeiten wettmachten. Das entsprach aber nicht Bohannons Vorstellung von Einzelkindern. Deshalb fokussierte er ausschließlich auf die Defizite. Er mutmaßte, dass die Eltern zu nachgiebig waren, oder dass die Einzelkinder Angst vor der Schule hatten, wo sie eine große Gruppe von Kindern erwartete; vielleicht seien Einzelkinder auch schüchterner und würden deshalb unregelmäßig zur

Schule gehen. Dass sie auffallend erfolgreich waren, entging ihm.

Was fiel Bohannon sonst noch bei Einzelkindern auf? Dass sie in der Schule im Umgang mit anderen Kindern »zurückgeblieben« waren, dass sie beim Spielen versuchten, die eigenen Ideen immer durchzusetzen und deshalb nicht sehr beliebt waren. »134 von total 269 kommen mit anderen Kindern schlecht zurecht, 54 nur gerade ziemlich gut, und 81 scheinen in ihren sozialen Beziehungen normal zu sein.« Viele waren nicht gerne zu mehreren und suchten sich gezielt ein, zwei Freunde aus, mit denen sie die meiste freie Zeit verbrachten.

In der Schule blieben die Einzelkinder während der Pause drinnen und plauderten mit dem Lehrer, so hielten sie sich abseits von den Pausenspielen in der Gruppe. Eine klare Vorliebe für ältere Leute war zu beobachten, sogar wenn es gleichaltrige Kinder herum gab. »Das ist zweifellos weniger der Fall, weil sie nicht gerne mit Gleichaltrigen zusammen wären, sondern weil sie unfähig sind, Kinder in ihrem Alter zu verstehen und von ihnen verstanden zu werden. Es ist zwar offensichtlich, dass Einzelkinder sich gleich stark nach anderen Kindern sehnen wie Kinder aus anderen Familien, aber ihr isoliertes Leben zu Hause hat es nicht mit sich gebracht, dass sie die gleichen sozialen Fähigkeiten und Möglichkeiten entwickeln konnten. Sie verstehen es einfach nicht so gut, sich anderen anzunähern und sich auch einmal unterzuordnen, und sie zeigen wenig Bereitschaft, Kameradschaften mit solchen Kindern einzugehen, die es nicht gewöhnt sind, anderen dauernd nachzugeben.« Bohannon vermutete in der größeren Nähe der Einzelkinder zu den Eltern ausschließlich Nachteile: Sie führe bei den Einzelkindern unmissverständlich zu einer unreifen Entwicklung »des sozialen Instinkts«.

Wie wurden die Eltern von Einzelkindern beschrieben

vor 110 Jahren? Auch nicht gerade schmeichelhaft. Die Eltern galten in 134 von 249 Fällen als »nervös«. Wie ihr Kind hatten auch sie eine schlechtere Gesundheit. Die Väter waren im Durchschnitt 28 Jahre alt, als das Einzelkind zur Welt kam, die Mütter 24 – also im besten gebärfähigen Alter, wie Bohannon festhielt. Trotzdem schienen sie zu geringerer Fruchtbarkeit zu tendieren. Es dauerte bei den Paaren nach der Heirat durchschnittlich gut drei Jahre, bis sich Nachwuchs ankündigte, und damit mehr als dreimal so lange wie bei »normal fruchtbaren Paaren«. Ältere Mütter brachten eher Mädchen zur Welt, beobachtete Bohannon, ohne zu sagen, was er daraus schloss. In 40 Fällen hatten die Eltern schlechte Gewohnheiten, waren Trinker oder starke Raucher, gar unmoralische Leute oder »Nachtvögel«, die immer in Gesellschaft sein mussten. Acht Paare waren geschieden.

Nicht alles ist einfach nur kurios und falsch, was Bohannon 1898 schrieb, vieles klingt plausibel. Doch darf man sich davon nicht verleiten lassen. Die meisten Punkte lassen sich aus heutiger Sicht nicht mehr beurteilen, weil die ersten Einzelkindforscher es versäumt haben, als Vergleichsgruppe auch Geschwisterkinder zu untersuchen.

Auch wählten sie kein repräsentatives Sample. Bohannon und Hall erhielten die Beobachtungen zu Einzelkindern von verschiedenen Lehrerinnen und Studenten zugeschickt, diese wiederum hatten ihre Bemerkungen teils aus der Erinnerung notiert. Die Zusammenstellung der Einzelfälle war völlig willkürlich.

Zudem hatten sie die Fragestellung zu wenig fokussiert, um generalisierbare Aussagen machen zu können und taten es trotzdem. Die Einzelkinder unterschieden sich in zahlreichen Faktoren, von denen nicht klar war, welchen Einfluss diese auf die Persönlichkeit hatten. Die Einzelkinder waren zum Beispiel zwischen zwei und 35 Jahre alt – und das Alter veränderte die Persönlichkeit von Einzelkindern schon damals, wie Bohannon selbst festhielt: »Ziemlich viele überwinden ihre Nachteile in der Pubertät.«

Die ersten Einzelkindforscher waren voreingenommen. Sie vermengten immer wieder persönliche Einschätzungen mit quantitativen Fakten, zu Ungunsten der Einzelkinder. Richtig wäre gewesen, die Einzelkinder mit Geschwisterkindern zu vergleichen. Gut lässt sich das am Beispiel des Spielverhaltens nachvollziehen: Die Forscher zählten 138 Einzelkinder von insgesamt 244 Einzelkindern, die in der Schule viel Zeit mit Spielen zubrachten; 44 Einzelkinder, die weniger spielten; und 62 Einzelkinder, die wenig bis gar nicht mitmachten, die herumstanden und anderen beim Spielen zuschauten oder lieber für sich allein etwas machten. Um diese Zahlen korrekt interpretieren zu können, müsste man wissen, wie viele *Geschwisterkinder* damals in der Pause mitspielten, wie viele wenig spielten und wie viele lieber allein spielten oder zuschauten. Es wäre eine Kontrollgruppe nötig gewesen, die aufgezeigt hätte, ob Einzelkinder auffallend weniger mitspielten oder ob sich ihr Spielverhalten im normalen Rahmen bewegte.

Bohannon und Hall wollten zu viele Fragen auf einmal klären. Daher konnten sie nur oberflächliche Antworten liefern und stellten Vermutungen als gesichert dar. Für jede ihrer untersuchten Fragen würde man heute eine eigene Studie durchführen und die dafür adäquate Methode wählen: für das Spielverhalten in der Pause zum Beispiel teilnehmende Beobachtung; für das Phänomen der eingebildeten Freundschaften ein qualitatives Interview mit den Einzelkindern; zu den Eltern von Einzelkindern einen Fragebogen; zu den Persönlichkeitsmerkmalen von Einzelkindern einen Test etc.

Man könnte es auch so formulieren: Bohannon und Hall gingen nicht wissenschaftlich vor, wie man das heute gewohnt ist. Sie stellten keine klaren Hypothesen auf, die widerlegt oder bestätigt werden könnten. Sie werteten stattdessen die Beobachtungen und Erinnerungen von anderen aus – ein wissenschaftlich von Grund auf problematisches Unterfangen, das von anderen (Wissenschaftlern) in keiner Weise kontrolliert und nachvollzogen werden kann. So ist die erste Studie zu Einzelkindern, »The Only Child in a Family« von 1898, eher ein Spiegel ihrer Zeit und ihrer Verfasser als eine Quelle der »Wahrheit« über die Einzelkinder von damals.

Für dieses Buch ist sie trotzdem interessant, denn sie zeigt, woher die Vorurteile gegenüber Einzelkindern stammen und wie sie ihren Weg in die Gegenwart fanden. Bohannons Studie wurde von den nachfolgenden Forschern beachtet, viele zitierten daraus[308]: 1908 bezog sich eine gewisse Drummond darauf, 1915 ein Forscher namens Bruce, 1927 Eva Neal – die auch Halls bekannten Satz »Ein Einzelkind zu sein ist an und für sich eine Krankheit« aufgriff und ihn ausschmückte: »Wegen der übertriebenen Aufmerksamkeit, die ein Einzelkind einfordert und gewöhnlich auch erhält, wird es üblicherweise eifersüchtig, selbstsüchtig, egoistisch, abhängig, aggressiv, dominierend und zänkisch. Es ist das Kind, das bei anderen unbeliebt ist und verwöhnt, und je mehr Zeit verstreicht, desto schwieriger findet es das Einzelkind, sich an das Leben und die Mitmenschen anzupassen.«

Die frühen »Ratgeberautoren«[309] geizten nicht mit Vorverurteilungen, wenn es um Einzelkinder ging: »Das Einzelkind ist höchst benachteiligt. Von ihm kann nicht erwartet werden, dass es mit der gleichen Anpassungsfähigkeit durchs Leben geht wie das Kind, das in einer Familie mit anderen Kindern aufgezogen wird.« Einzelkinder seien im

Nachteil, weil sie zu wenige Lektionen in Anpassung erfahren und weil sie sich an Erwachsenen messen würden. »Der einzige Weg, die Erwachsenen zu übertrumpfen, besteht für ein Einzelkind darin, sich kindisch zu verhalten. Es kann lauter schreien als die Erwachsenen. Es kann sich zu Boden werfen. Es kann Wutanfälle haben.«

Die Ratgeber empfehlen den Eltern von Einzelkindern deshalb radikale Abhilfe: »Falls es durch irgendein Unglück unmöglich ist, weitere Kinder in der Familie zu haben, sollte eines adoptiert werden, damit das eine Kind einen Spielkameraden hat. Wenn es in einer Familie keine Kinder gibt, so ist es unklug, eines zu adoptieren, außer es können noch weitere dazu adoptiert werden.«

Ein weiteres Ratgeberduo[310] schreibt: »Gewöhnlich ist das Einzelkind das verwöhnte Kind. Indem es die einzige und hauptsächliche Sorge seiner Eltern ist, erhält es ihre volle und oft allzu besorgte Aufmerksamkeit.«

Im Jahr 1927 behauptete der Wiener Psychiater Erwin Wexberg[311], ein Schüler des Individualpsychologen Alfred Adler: »In den meisten Fällen haben solche Kinder [Einzelkinder] einen grenzenlosen Egoismus, sie tyrannisieren ihre Freunde und ertragen keine anderen Götter neben sich. In einer solchen Atmosphäre gedeihen nervöse Manifestationen. Das Einzelkind ist immer tief verletzt, wenn es nicht im Zentrum des Interesses und im Fokus der Aufmerksamkeit steht, aus diesem Grund behält es alles kindliche Fehlverhalten hartnäckig bei, von dem es annehmen kann, dass dieses die Eltern näher bringen und deren Aufmerksamkeit erregen wird.« Wexberg zählt als typisches kindliches Fehlverhalten Ängste, verwöhntes Essverhalten und nächtliches Bettnässen auf.

Auch im schulischen Kontext ortete Wexberg bei Einzelkindern gravierende Defizite: »In der Schule ist das Einzelkind ein einziger Misserfolg, denn in der Schule ist es unter anderen, und es muss die Aufmerksamkeit des Lehrers mit anderen teilen.« Die meisten nervösen Kinder würden zur Klasse der Einzelkinder gehören. Deshalb solle, wenn immer möglich, ein Kind nicht alleine aufgezogen werden. Selbst aufgeklärte und verständige Eltern könnten es nicht immer vermeiden, in der Erziehung von Einzelkindern Fehler zu machen. Deswegen sei es besser, so Wexberg, das Einzelkind in Gemeinschaft mit anderen Kindern zu erziehen: »Das ist eine der Situationen, wo es von Vorteil ist, dass ein Kind gemeinsam mit anderen in einer Institution erzogen wird.«

In einem Artikel des Wochenmagazins »Liberty« vom 3. Dezember 1927 wird die Direktorin des Institute for Child Welfare Research, Teachers College, der Columbia-Universität zitiert. Den Einzelkindern mangle es an Initiative, sie würden erst spät gehen und sprechen lernen, und sie würden denken, alles falle ihnen in den Schoß; sie würden übermäßige Zuwendung bekommen wollen, würden wegen der überängstlichen Eltern schlechte Eigenarten entwickeln, zum Beispiel pingelig beim Essen werden oder hypochondrische Tendenzen entwickeln; sie seien extrem negativ und würden von allen Kindern am meisten unter Ängsten leiden.

So weit, so ungut. Die frühe Einzelkindliteratur bis Ende der 1920er Jahre war nicht zurückhaltend, wenn es darum ging, Einzelkinder zu verdammen. Erst 1928 mit Norman Fenton[312] fanden Einzelkinder unter den Wissenschaftlern einen objektiveren Fürsprecher.

Norman Fenton lenkte als Erster gegen die allgemein verbreitete Einzelkind-Schelte. Er ließ 34 Einzelkinder und 163 Geschwisterkinder von Lehrern nach einer vorgegebenen Skala beurteilen.

Er fand heraus, dass Einzelkinder sich in ihrer Persönlichkeit gar nicht stark von Geschwisterkindern unterschieden. Zu durchschnittlich 87 % stimmten die beiden Vergleichsgruppen überein. Bei der Bewertung ihrer Großzügigkeit und Geselligkeit war die Übereinstimmung sogar besonders hoch (90 % und mehr). Einzelkinder waren nur ganz wenig unbeliebter, und sie hatten nur etwas öfter Führereigenschaften. Den größten Unterschied fand er beim Selbstvertrauen heraus: Einzelkinder waren tendenziell etwas selbstbewusster. In 10 % der Fälle waren sie ein wenig aggressiver, schikanierten etwas mehr und wollten stärker ihren Kopf durchsetzen. Sie wurden als leicht glücklicher und optimistischer eingeschätzt. Sie erschienen den Lehrern etwas weniger bescheiden, etwas eingebildeter als Geschwisterkinder und ein bisschen weniger gehorsam. Außerdem wurden weniger Einzelkinder als nervös bezeichnet; die als nervös Bezeichneten zeigten jedoch mehr Symptome.[313]

Norman Fentons Schlussfolgerungen lauteten: »Die Literatur streicht fast ohne Ausnahme die negativen Besonderheiten von Einzelkindern heraus. Eltern und Lehrer akzeptieren die Vermutung, dass Einzelkinder, einzig weil sie Einzelkinder sind, dazu prädestiniert seien, eigenartig und schwierig zu werden. Dieses A-priori-Urteil ist unfair solchen Kindern gegenüber, denn Einzelkinder scheinen, wenn überhaupt, dann nur wenig dazu zu neigen, eigenartig und nervös zu werden.«

Fenton sieht seine Vermutung, dass viele Menschen von vornherein schlecht über Einzelkinder denken, in einer kurzen Umfrage bestätigt. Er fragte Psychologiestudenten an der Universität, was sie von Einzelkindern hielten. Von insgesamt 50 befragten Studenten fanden nur gerade zwei (beides Einzelkinder), dass sich Einzelkinder »wahrscheinlich normal« entwickeln. Die restlichen 48 gaben die üblichen Beschreibungen von Einzelkindern zum Besten, »einige gingen gar so weit, zu behaupten, sie würden die Einzelkinder in einer Gruppe nur schon vom Sehen erkennen«.[314]

Welche Vorurteile stimmen?
Eine Bilanz

»Ich glaube, man muss die Leute lieben, alle Arten von Leuten, um fähig zu sein, ein Urteil über sie zu fällen, das einen Wert hat ... Wir können versuchen, besser zu sein, und ein Teil dieses Versuchs besteht darin, andere Leute nicht abzuurteilen.«[315]

Marilyn Monroe, von der diese Sätze stammen, wusste als Sexsymbol der 1950er Jahre, wie es sich anfühlt, wenn andere über einen richten. Sie wuchs als Einzelkind auf und musste von klein auf lernen, ohne Vater und weitgehend ohne Mutter durchs Leben zu gehen. Ihre Berühmtheit katapultierte sie in höhere Sphären, wo Vorurteile einfacher wegzuschieben sind. Doch gingen Missgunst und Abschätzigkeiten auch an ihr nicht spurlos vorbei, wie obiges Zitat zeigt.

Zum Abschluss dieses Buches möchte ich zusammenfassen, wie Einzelkinder heutzutage sind und wie ihre Realität aussieht. Aufgeteilt unter den Stichworten »besser«, »gleich« und »schlechter«, wird die Entwicklung von Einzelkindern in den letzten 30 Jahren aufgezeichnet.

In einem zweiten und dritten Schritt werde ich beschreiben, welches die »wahren« Stärken und Schwächen von Einzelkindern sind und wo in den letzten Jahrzehnten die für Einzelkinder größten Veränderungen stattgefunden haben.

Bei den folgenden generalisierten Aussagen über Ein-

zelkinder handelt es sich wohlgemerkt um Durchschnittswerte und Wahrscheinlichkeiten, zu denen es immer individuelle Ausnahmen gibt.

Besser – gleich – schlechter

Inwiefern sich Einzelkinder besser entwickeln

• *Besser in Bezug auf die Persönlichkeit*
Bereits in den 1960er Jahren waren Einzelkinder kognitiv
stärker. Dieser Befund konnte in den 1980er und 1990er
Jahren bestätigt werden. Vor allem sprachlich ragten Einzelkinder aus dem Durchschnitt heraus.
   Einzelkinder sind extrovertierter als Geschwisterkinder.

• *Besser in Bezug auf erworbene Fähigkeiten*
Einzelkinder waren in den 1960er Jahren gebildeter, reifer,
sozial sensibler und ordentlicher als Geschwisterkinder.
   Junge erwachsene Einzelkinder waren in den 1970er
Jahren in der Schweiz sozialer und extrovertierter als Ge-
schwisterkinder.
   Einzelkinder sind in der Regel motivierter, Leistung zu
erbringen.
   Einzelkinder verfügen über mehr innere Kontrollüber-
zeugung. Das bedeutet, dass sie das Gefühl haben, es hän-
ge in erster Linie von ihnen selbst ab, wie eine Sache aus-
geht.
   Einzelkinder haben ein hohes Verantwortungsgefühl.
   Einzelkinder waren stark im Miteinander-Versöhnen,
Brückenschlagen zwischen gegensätzlichen Standpunkten
und im Schaffen von Harmonie.
   Häufig erlebte Wechsel und Abbrüche in ihren engsten

Beziehungen machen Einzelkinder in der Regel fit für die Bewältigung neuer Situationen.

Im besten Fall lernen Einzelkinder dabei jene Fähigkeiten, die in der Arbeitswelt gefordert sind: flexibles Anpassen an neue Umstände, Umgang mit verschiedensten Charakteren, Akzeptanz von Führungskräften, Verstehen unterschiedlicher Wertsysteme, positiver Umgang mit ständiger Innovation und Veränderung.

Einzelkinder sind aufgeschlossener und interessierter an zwischenmenschlichen Begegnungen.

Besonders Einzelkind-Mädchen sagen von sich, dass sie leicht Kontakt zu Gleichaltrigen herstellen.

Einzelkind-Mädchen sind zufrieden mit der Anzahl ihrer Freunde und Spielkameraden.

• *Bessere Beziehung zur Familie*
Die Beziehung von Einzelkindern zu den Eltern ist enger. Einzelkinder genießen die enge Beziehung zu den Eltern, oft auch noch als Erwachsene.

Einzelkinder sind häufiger als Geschwisterkinder gern mit der Familie zusammen.

Einzelkinder erleben seltener Konflikte in der Familie.

• *Besserer Umgang mit dem sozialen Umfeld*
Einzelkinder kamen in den 1980er Jahren mit einer allfälligen Scheidung der Eltern besser zurecht.

Anfang der 1970er Jahre waren Einzelkinder mit 29 Jahren seltener geschieden als Geschwisterkinder. Männliche Einzelkinder hatten außerdem besser ausgebildetete Partnerinnen geheiratet.

Einzelkinder haben zu älteren Personen oft eine gute Beziehung.

• *Bessere Selbst- bzw. Fremdeinschätzung*
Das Selbstwertgefühl von Einzelkindern ist ein wenig besser.

In den 1980er Jahren beschrieben sich Einzelkinder in den USA weniger Geschlechtsrollen-stereotyp. Das heißt, sie wiesen sich selbst flexibler sowohl typisch weibliche als auch typisch männliche Eigenschaften zu.

Kinder aus kleinen Familien, wozu Einzelkinder gerechnet wurden, waren gemäß der Einschätzung der Lehrer bei ihren Klassenkameraden etwas populärer als Kinder aus großen Familien, wenn es darum ging, eine Mannschaft zusammenzustellen.

Anderes
In den 1960er Jahren gingen Einzelkinder eher intellektuellen und musischen Freizeitbeschäftigungen nach.

Anfang der 1970er Jahre waren Einzelkinder von 29 Jahren öfter berufstätig.

In den 1980er Jahren waren die Mütter von Einzelkindern ihrem Nachwuchs in den ersten Lebensmonaten stärker zugewandt.

Einzelkinder können gut allein sein und sich mit sich selbst beschäftigen.

Inwiefern entwickeln sich Einzelkinder in gleichem Maße wie Geschwisterkinder

• *Gleich in ihrer Persönlichkeit*
Schon Ende der 1920er Jahre entwickelten Einzelkinder zu 73–92 % die gleiche Persönlichkeit wie Geschwisterkinder: Sie hatten ungefähr gleich viel Selbstvertrauen, waren etwa gleich angriffslustig, fast gleich gesellig, ähnlich wahrheitsliebend, freigebig, heiter, erregbar, beständig

im Gefühl, aufmerksam, bescheiden und ähnlich unternehmungslustig.

In den 1960er Jahren waren Einzelkinder und Geschwisterkinder gleich ruhig beziehungsweise impulsiv, gleich vital und gesund und sie wiesen die gleichen Führungseigenschaften auf.

Einzelkinder in der Schweiz entwickelten sich in den 1970er Jahren in ihrer Persönlichkeit wie Geschwisterkinder. Sie bildeten keine negative »Einzelkind-Persönlichkeit« aus.

Einzelkinder waren in der Schweiz in den 1970er Jahren nicht neurotischer als Geschwisterkinder, sie waren weder nervöser, aggressiver, noch depressiver oder reizbarer.

In China schnitten Einzelkinder in den 1980er Jahren in einem eigens auf chinesische Verhältnisse zugeschnittenen Persönlichkeitstest wie Geschwisterkinder ab.

Die Meinung, dass chinesische Einzelkinder in ihrer Persönlichkeit problematischer seien, lässt sich mit der chinesischen psychologischen Einzelkindforschung der letzten 20 Jahre nicht erhärten.

Einzelkinder waren in den 1980er Jahren in den USA nicht schüchterner.

Einzelkinder waren in seelischer Hinsicht ebenso belastbar wie Geschwisterkinder.

Erwachsene Einzelkinder waren ähnlich selten krankhafte Narzissten wie erwachsene Geschwisterkinder.

Einzelkinder sind nicht ängstlicher oder depressiver.

Sie sind nicht missmutiger oder verärgerter.

• *Gleich in Bezug auf ihre sozialen Fähigkeiten*
Einzelkinder kamen in den USA in den 1980er Jahren gleich gut mit anderen Kindern aus wie Geschwisterkinder.

Auch als Erwachsene entwickelten sich Einzelkinder in den 1980er Jahren in Bezug auf Ausbildung, Beruf und

Familiengründung weitgehend gleich. Der einzige Unterschied bestand darin, dass Einzelkinder besser ausgebildet waren.

Einzelkinder waren in den 1990er Jahren in Korea ebenso sozial wie Geschwisterkinder.

Bei kooperativ eingestellten Eltern waren Jugendliche mit und ohne Geschwister in der Lage, sich in andere Meinungen hineinzuversetzen.

Die sozialen Kompetenzen von Einzelkindern in Zweierbeziehungen sind in der Kindheit ebenso gut wie jene von Geschwisterkindern.

Einzelkinder sind genauso wenig einsam wie Geschwisterkinder.

Einzelkinder haben in etwa gleich viel Kontakt zu Gleichaltrigen.

Einzelkinder haben gleich viele gute Freunde.

Einzelkinder entwickeln gleich viel soziales Feingefühl wie Geschwisterkinder.

Einzelkinder unterscheiden sich in ihrer relationalen Aggression nicht von Geschwisterkindern. Das bedeutet, dass sie im selben Maße andere Kinder aus der Gruppe ausschließen, verleumden, »schneiden« oder ihnen die Freundinnen »wegnehmen«.

• *Gleiche Selbst- bzw. Fremdeinschätzung*
In den 1960er Jahren hatten Einzelkinder und Geschwisterkinder gleich viel Selbstvertrauen.

Einzelkinder fühlten sich in den 1980er Jahren in den USA ebenso glücklich wie Geschwisterkinder.

Einzelkinder unterschieden sich von Geschwisterkindern nicht in dem, was ihnen wichtig war (ideales Selbstkonzept). Sie hatten jedoch eher das Gefühl, von den anderen als unsportlich und weniger beliebt angesehen zu werden (soziales Selbstkonzept). Auch waren sie unerklärlicherweise mit ihrem Aussehen eher unzufrieden (reales Selbstkonzept).

Einzelkinder hatten in den 1990er Jahren in den USA kein übersteigertes Selbstwertgefühl. Sie schätzten ihre Persönlichkeit nicht höher ein als andere.

Einzelkinder waren in den 1990er Jahren in Korea gleichermaßen beliebt wie Geschwisterkinder. In Deutschland sind sie es heute noch.

Inwiefern Einzelkinder schlechter als Geschwisterkinder abschneiden

• *Schlechter in Bezug auf die Persönlichkeit*
Es gibt kein Persönlichkeitsmerkmal, in dem Einzelkinder schlechter abschneiden.

• *Schlechter in Bezug auf die sozialen Fähigkeiten*
Einzelkinder waren in den 1960er Jahren weniger sozial ausgerichtet als Geschwisterkinder. Sie trafen weniger Freunde und gingen weniger aus. Sie gingen auch weniger sportlichen und handwerklichen Freizeitbeschäftigungen nach und waren weniger in Gruppenaktivitäten involviert.

Einzelkinder neigen in der Schulklasse dazu, bei Konflikten unberechenbar zu reagieren, sich zurückzuziehen oder aggressiv zu werden. Damit verhalten sie sich so, dass es für Mitschülerinnen und Mitschüler einfacher ist, sie zu schikanieren.

Konfliktfähigkeit ist in der Regel keine Stärke von Einzelkindern. Geschwisterkinder haben im Streiten mehr Übung.

Manche Einzelkinder haben die Tendenz, von Gleichaltrigen die gleiche uneingeschränkte Aufmerksamkeit zu erwarten wie von Vater und Mutter.

• *Schlechteres soziales Umfeld*
Einzelkinder waren in den USA bereits in den 1980er Jahren häufiger davon betroffen, dass sich ihre Eltern scheiden ließen.

Einzelkinder erlebten schon in den 1980er Jahren häufiger Wechsel und Abbrüche (Diskontinuitäten) in ihren wichtigsten Beziehungen.

• *Schlechtere Gesundheit*
Die Einzelkinder, die nach dem Zweiten Weltkrieg geboren wurden, hatten als Säuglinge mehr gesundheitliche Probleme als Geschwisterkinder.

• *Schlechtere Selbst- bzw. Fremdeinschätzung*
Einzelkinder fühlen sich oft für alles selbst verantwortlich. Es ist ihnen nicht immer bewusst, dass es Situationen gibt, die nicht von ihnen alleine abhängen, sondern in denen Unterstützung von außen hilfreich wäre.

In den USA sind Einzelkinder in der Grundstufe weniger beliebt als Geschwisterkinder.

Stärken und Schwächen

Schaut man die Befunde der Einzelkindforschung als Mosaiksteine eines Gesamtbildes an, lassen sich einige klare Tendenzen ausmachen, wie die Stärken und Schwächen von Einzelkindern aussehen. Auch diese Tendenzen gelten nicht für *jedes einzelne* Einzelkind, sondern für das Konstrukt eines »Durchschnittseinzelkindes«.

• Am klarsten kommt durch die Forschung heraus, dass Einzelkinder in den allermeisten *Persönlichkeitsmerkma-*

len den Geschwisterkindern ebenbürtig sind. Es gibt kein einziges Persönlichkeitsmerkmal, in dem Einzelkinder schlechter abschneiden. Die Vorstellung, dass Einzelkinder einen besonderen minderwertigen Charakter entwickeln, wurde bereits in den 1980er Jahren widerlegt. Das wohl wichtigste Resultat der Einzelkindforschung besagt deshalb, dass es keine spezielle, defizitäre Einzelkindpersönlichkeit gibt.

• *Die gängigen Vorurteile* wurden in allen Fällen bis auf einen widerlegt. Einzelkinder entwickeln spätestens seit den 1980er Jahren so gut wie keine der Eigenschaften, die ihnen gemeinhin nachgesagt werden, stärker als Geschwisterkinder aus: Sie sind weder neurotischer, noch nervöser, narzisstischer, depressiver, noch weniger belastbar, schüchterner, verschlossener, einsamer oder introvertierter. Dass Einzelkinder sich wie Geschwisterkinder entwickeln, zeigte sich sowohl im Westen als auch in China.

Zwei Unterschiede in der Persönlichkeit sind positiver Natur: Einzelkinder sind leicht extrovertierter und sprachlich etwas stärker als Geschwisterkinder.

Ein Unterschied ist negativ: Einzelkinder können nicht gut streiten (mehr dazu weiter unten).

• *Sozial haben Einzelkinder aufgeholt.* In den 1960er Jahren waren sie noch leicht weniger sozial, heute sind sie ebenso sozial wie Geschwisterkinder. Bereits Anfang der 1980er Jahre zeigte sich, dass sich Einzelkinder gleich gut wie Geschwisterkinder in andere hineinversetzen können. Sie sind auch nicht einsamer als Geschwisterkinder. Sie haben gleich viele Freunde und Spielkameraden. Darüber hinaus ist ihr soziales Feingefühl im gleichen Maße ausgeprägt. Auch in ihrem Verhalten zeigten sie nicht mehr Probleme.

• Es fällt auf, dass die Forschung insgesamt *mehr positive Aspekte* des Einzelkinddaseins gefunden hat als Nachteile. Das würden die zahlreichen Vorurteile gegenüber Einzelkindern nicht erwarten lassen. Insbesondere die mehrfach gefundene kognitive und sprachliche Stärke von Einzelkindern ist bemerkenswert. Die positive Bilanz darf allerdings nicht so interpretiert werden, dass Einzelkinder in einer besseren Familienkonstellation aufwüchsen als Geschwisterkinder. Dass es viele positive Befunde gibt, bedeutet nur, dass Geschwisterlosigkeit keine schlechte Familienkonstellation ist, um groß zu werden, und auch ihre Vorteile hat. Geschwister zu haben natürlich auch.

• Weiter fällt auf, dass sich Einzelkinder *gut an ihre Situation* ohne Geschwister und mit öfter wechselnden Bezugspersonen *angepasst* haben. Vor allem ihre Extrovertiertheit kommt ihnen dabei zugute. Ihre Offenheit ermöglicht Einzelkindern die Bewältigung auch sehr schwieriger Situationen wie die Scheidung der Eltern. Aber auch im normalen Alltag hilft sie Einzelkindern, sich wohl zu fühlen. Ihre Extrovertiertheit sorgt dafür, dass die enge Beziehung zu den Eltern, die die meisten Einzelkinder haben, nicht übermäßig wird, sondern immer wieder durch Außenbeziehungen aufgelockert wird. Da Einzelkinder sowohl dem Alleinsein als auch dem Zusammensein mit Eltern und Freunden etwas abgewinnen können, ist ihr alltägliches Lebens- und Selbstwertgefühl gut.

• Sozial liegt ihre Stärke in *Zweierbeziehungen*. Einzelkinder sind fähig, innige Freundschaften zu pflegen. Sie sind eher um Harmonie bemüht und nicht konfliktfreudig. Weil sie sich häufig auf neue Betreuungspersonen einstellen müssen, lernen sie, flexibel auf unterschiedlichste

Personen zu reagieren. Darüber hinaus kommen sie auch mit Älteren gut aus.

• *Das wichtigste Handicap*, das Einzelkinder aufweisen, ist ihre mangelnde Konfliktfähigkeit im Kindesalter. Mit eigenen und fremden Aggressionen können sie nicht gut umgehen. Entweder reagieren sie zu harsch oder sie ziehen sich zurück. Beides sind Reaktionen auf Konflikte, die bei gleichaltrigen Kindern nicht gut ankommen. Die mangelhafte Konfliktfähigkeit ist wohl jene Schwäche, die Einzelkindern am meisten Probleme im sozialen Umgang bereitet. In der Schule macht es sie anfällig, gehänselt zu werden.

Wie die Konfliktfähigkeit von Einzelkindern im Erwachsenenalter aussieht, wurde bisher nicht untersucht. Das ist sicher ein Punkt, den genauer zu erforschen sich lohnen würde. Zum Beispiel ließe sich untersuchen, wie sich berufstätige Einzelkinder im Kollegenteam bei Auseinandersetzungen verhalten oder wie sie bei Streitereien in der angeheirateten Familie reagieren – beides erfordert Konfliktfähigkeit in einer Gruppe, auf die das Einzelkind nur wenig Einfluss hat.

• Bemerkenswert, aber weniger relevant ist das Bedürfnis von Einzelkindern nach *ungeteilter Aufmerksamkeit*. Dieses Bestreben, die anderen ganz für sich zu haben, kann für Freunde und Bekannte etwas anstrengend sein, doch hat es nicht zur Folge, dass Einzelkinder deswegen weniger Sozialkontakte hätten.

Auch ihr ausgeprägter Hang, sich für alles zuständig zu fühlen, belastet vor allem die Einzelkinder selbst am meisten. In beiden Punkten müssen Einzelkinder zu ihrem Besten lernen, von sich selbst etwas Abstand zu nehmen.

• *Im familiären Umfeld* war in den 1980er Jahren und ist
noch heute die größte Herausforderung für Einzelkinder,
dass sich ihre Eltern häufiger scheiden lassen. Einzelkinder
konnten sich allerdings auch in dieser schwierigen Situation gut an die widrigen Umstände anpassen und kamen
damals besser mit der Scheidung zurecht als Geschwisterkinder. Ob sie das heute immer noch besser können,
wurde nicht untersucht.

Tendenzen und Veränderungen

Betrachten wir nun jene Punkte, die sich für Einzelkinder
im Laufe der Jahrzehnte nachweisbar verändert haben.

• *Schichtzugehörigkeit*: Ende des Zweiten Weltkrieges gehörten viele Eltern von Einzelkindern in den USA unteren
sozialen Schichten an. In den 1980er Jahren holten die Ein-
Kind-Familien auf, sie gehörten damals der gut situierten,
gebildeten bürgerlichen Mittel- und Oberschicht an und
lebten in einer eher privilegierten Situation, die sich unter
anderem darin zeigte, dass sie häufiger im Ausland Ferien
machten. Im Jahr 2005 gehören Ein-Kind-Familien, zumindest in Deutschland, wieder eher niedrigeren sozialen
Schichten an. – Familien mit Einzelkind sind heute keine
Elite mehr. Sie sind eine normale Minderheit geworden,
wenn auch eine starke.

• *Gruppenaktivitäten*: In den 1980er Jahren waren Einzelkinder weniger interessiert daran, in Gruppen mitzuma-
chen. Einzelkinder verbrachten mehr Zeit allein und mit
musischen Aktivitäten, Geschwisterkinder gingen eher
sozialen, gruppenbezogenen und praktischen Beschäf-

tigungen nach. Heute hat sich das geändert. Man findet Einzelkinder in Deutschland mittlerweile ebenso häufig in Sportvereinen, Musikschulen und anderen Gruppenaktivitäten wie Geschwisterkinder.

• *Beliebtheit*: In den 1980er Jahren waren in den USA Kinder aus kleinen Familien in den Schulklassen am beliebtesten. Heutzutage sind sie in Deutschland gleichermaßen beliebt wie Geschwisterkinder, in den USA allerdings weniger.

• *Abwertung des Einzelkind-Status:* Vor 80 Jahren, während der Weltwirtschaftskrise Anfang der 1930er Jahre, waren die vielen Einzelkinder als »Notlösung« akzeptiert und durch die allgemeine Misere »legitimiert«. Das ist heute nicht der Fall. Da aktuell schon seit längerem in der Ersten Welt zu wenige Kinder auf die Welt kommen, obwohl es weiten Teilen der Gesellschaft wirtschaftlich gut geht, empfinden es viele Menschen als egoistisch und nicht kindgerecht, wenn Paare nur *ein* Kind haben.

Schlusswort

Die zahlreichen positiven Studien zu Einzelkindern haben mit den überlieferten Vorurteilen in den Köpfen der Menschen nicht aufgeräumt. Das liegt wohl vor allem daran, dass die Wissenschaft ihre Resultate zu kompliziert ausdrückt, aber auch, dass die Medien sie zu wenig aufgegriffen und zu wenig gut »verkauft« haben. In anderen Bereichen ist der Wissenstransfer von der Forschung zur Basis erfolgreicher verlaufen als bei der Einzelkindforschung, zum Beispiel in Gesundheitsfragen.

Weshalb es so schwierig ist, die wissenschaftlich widerlegten Vorurteile gegenüber Einzelkindern zum Verschwinden zu bringen, kann ich auch nach intensivem Studium nicht abschließend erklären. Die Forschung selbst gibt kaum Hinweise darauf. Einzig die Soziologin Judith Blake stellte 1989 die These auf, dass Neid ein möglicher Grund für die Diskriminierung von Kleinstfamilien während des Babybooms, als Ein-Kind-Familien zur privilegierten Schicht gehörten, gewesen sein könnte.

Ein paar Vermutungen habe ich, weshalb sich die Vorurteile gegenüber Einzelkindern so beharrlich halten: Vielleicht liegt es daran, dass die Überzeugung, dass Kinder am besten in einer *großen* Familie aufwachsen, vielen Menschen noch immer »natürlicher« erscheint als das Konzept der Klein(st)familie, obwohl die Realität längst anders aussieht. Vielleicht ist das Bild der glücklichen Großfamilie auf dem Lande *als Idealvorstellung* in der Gesellschaft noch immer tief verankert. Gerade bei der Frage, wie Kinder es am besten haben, spielen Idealisierungen eine große, oft größere Rolle als die ach so ernüchternde Realität, in der Verwandtschaftsbeziehungen an Bedeutung verloren haben und »Wahlverwandtschaften« wichtiger geworden sind.

Vielleicht tun sich die Menschen mit Vorurteilen gegenüber Einzelkindern allgemein schwer damit, wie Kinder in Städten aufwachsen. Vielleicht missfällt es ihnen, dass die Stadt schon Kleinkindern so viele Konsumangebote und Möglichkeiten bietet, und irritiert sie die liberale Haltung der Bevölkerung, wo jeder macht, was er gut findet. Doch nur im städtischen Kontext kommt es nicht so sehr darauf an, ob ein Kind mit oder ohne Geschwister aufwächst. Nicht von ungefähr findet man die meisten Einzelkinder in den Städten.

Vielleicht ist der Grund, weshalb zwei und nicht ein

Kind zur Norm avancierte, aber auch ein zutiefst menschlicher: So haben beide Eltern potenziell die Chance, ihr eigenes Geschlecht im Nachwuchs reproduziert zu sehen. Oder es mag an einem praktischen Grund liegen: Vielleicht scheuen die meisten Mütter den Aufwand, den es bedeutet, und die Offenheit, die es als junge Familie braucht, um Spielkameraden für ein Einzelkind zu organisieren. (Die meisten Eltern finden typische Kinderspiele langweilig und sind froh, wenn nicht sie, sondern ein anderes Kind dafür zuständig ist.)

Vielleicht wollen Eltern ihre Kinder tendenziell lieber aus einer gewissen Distanz »managen«, als sich intensiv mit ihnen zu beschäftigen, wie das Eltern von Einzelkindern ab und zu tun müssen. Solch intensives Aufeinander-Eingehen, wie es nur ein Kind einfordern kann, sind die meisten Erwachsenen nicht mehr gewöhnt.

Die Gesellschaft hat sich in den letzten Jahrzehnten als Ganzes in eine bestimmte Richtung entwickelt: zu kleinen, relativ isolierten Einheiten, die sich bemühen müssen, zueinander in Beziehung zu treten – eine Situation, die Einzelkinder von klein auf kennen. Wo Beziehungen nicht einfach durch Verwandtschaft gegeben sind, sondern Arbeit, freiwillige »Beziehungsarbeit«, bedeuten. Wo außerdem auch die bestgemeinten Bemühungen die Familienmitglieder nicht immer davor bewahren, auseinanderzugehen und sich neu zu gruppieren.

Das alles sind Erfahrungen, die Einzelkinder tendenziell früher machen und mit denen zu leben sie lernen müssen. Diese Erfahrungen möchten bewahrende Seelen ihnen gerne ersparen. Doch ist dieser Schutzreflex, so gut er gemeint ist, nicht nötig. Einzelkinder kommen in der Regel mit ihrer Realität gut zurecht.

Dank

Auch dieses Buch wurde nicht von der Autorin allein geschrieben. Viele Helferinnen und Helfer haben dazu beigetragen, dass es zustande kam. Ihnen allen gebührt mein tief empfundener Dank. In erster Linie meiner Tochter, die sich damit anfreunden konnte, dass Mama »arbeiten geht« und das gelegentlich mitfühlend kommentierte mit »Nicht wahr, du schreibst ein *ganzes* Buch?«.

Dass das Buch »ganz« wurde, dazu haben die folgenden Personen beigetragen: meine Freundin Claudine Hartung, die als Einzelkind aufgewachsen ist und die sich von Anfang an für meine Idee, ein Buch über Einzelkinder zu schreiben, begeistern konnte. Meine Studienkollegin Katrin Eckert, die mir eine wunderbare Agentin vermittelte, Dörthe Binkert (ihrerseits Mutter eines Einzelkindes), die den Fischer Verlag gewinnen konnte. Der Fischer Verlag selbst, der so schnell entschlossen zusagte, dort speziell meine Lektorin Karin Herber-Schlapp (selbst ein Einzelkind), die aufbauend und konstruktiv kritisierte.

Meine Probeleserin Petra Jäger, die als Einzelkind und gebürtige Deutsche souverän mein »Zielpublikum« verkörperte, und mein Probeleser Guido Stalder, der als kinderloser Journalist den Härtefall meines potenziellen Lesepublikums mimte. Der Psychiater Daniel Thommen, der mir das Wichtigste zu Narzissmus nähergebracht hat. Die Übersetzerin Lydia Farago, die sich mit mir den Kopf zerbrach über 100-jähriges Amerikanisch. Der unbekannte Helfer in der Zentralbibliothek Zürich, der am letzten Tag vor den Weihnachtsferien kurz vor Schalterschluss für mich die Tiefen psychologischer Zeitschriften nach dem Stichwort »only child« absuchte. Das Deutsche Institut für Internationale Pädagogische Forschung, das Deutsche Jugendinstitut und die Abteilung Moderne China-Studien des Ostasiatischen Seminars der Universität zu Köln, die mich mit ihren hilfreichen Informationen unterstützt haben. Mein Mann Enea Marieni, der sich auf dem Esstisch ein Jahr lang meine Bücherstapel und Arbeitsnotizen ansehen musste. Meine Marktfreunde Ernst Bachmann und Roger Nickl, die mit mir erste Kapitelentwürfe diskutierten.

Nicht zu vergessen: alle Einzelkinder, junge wie alte, die mir erzählten, wie es für sie war, ohne Geschwister aufzuwachsen, und die mir durch ihre Vielfalt zeigten, dass es »das Einzelkind« nicht gibt. Ihnen gilt mein besonderer Dank.

Anmerkungen

1 Bohannon, 1898
2 Katz & Boswell, 1984
3 Nyman, 1995
4 Mancillas, 2006
5 Baskett, 1985
6 Munsun Miller, 1993
7 Mancillas, 2006, S. 269
8 Stewart, 2004, S. 173
9 Stand 2003/2004, Quelle: Bundesinstitut für Bevölkerungsforschung 2006. In: Beck-Gernsheim, 2006, S. 11
10 Beck-Gernsheim, 2006
11 ... wofür in Deutschland Frank Schirrmacher und Eva Her-
   man plädieren.
12 Beck-Gernsheim, 2006, S. 147
13 Richard Blonna, Coping with Stress, 2005
14 Groat, 1984, S. 255
15 Eine wichtige Studie mit positiven Resultaten zu Einzelkindern wurde 1979 von John G. Claudy et al. verfasst. Allerdings bestand die Stichprobe aus Highschool-Schülern und
   -Schülerinnen und war von daher nicht repräsentativ für die
   Gesamtbevölkerung.
16 Bohannon, 1898
17 Bank & Kahn, 1976, zitiert nach Kasten, 1993, S. 21
18 Blake, 1981
19 Jean-Paul Sartre, Die Wörter, Ex Libris, Zürich, 1965, S. 91
20 Jean-Paul Sartre, Die Wörter, Ex Libris, Zürich, 1965, S. 140
21 McKibben, 1998
22 Russell & Kohli, 1995
23 http://www.unicef.de/index.php?id=1496.
24 Rosenberg, 1993

25 Veenhoven & Verkuyten, 1989
26 Roberts & Blanton, 2001
27 Kasten, 2007, S. 29
28 Polit, 1978
29 Alt (Hg.), 2005; in der Folge mit Kinderpanel, 2005, abgekürzt
30 Kasten, 2007, S. 26 ff.
31 Jiao & Ji & Jing, 1996
32 DJI-Kinderpanel, 2005, S. 94
33 Blake, 1981, S. 48 f.
34 Kasten, 2007, S. 36
35 Xie, 1998
36 Strom et al. 1996
37 Mancillas, 2006
38 Veenhoven & Verkuyten, 1989
39 Kasten, 1995, zitiert Feiring, C. & Lewis, M., 1984
40 Kasten, 1995
41 Kasten, 1995, S. 112
42 Richards & Goodman, 1996
43 Schachter, 1959
44 Schachter, 1959, S. 79
45 Schachter, 1959, S. 84
46 Kasten, 1995, S. 112
47 Kasten, 1995, S. 182
48 McGrath, 1991, S. 105
49 Feiring & Lewis, 1984
50 zitiert in McGrath, 1991, S. 207
51 McGrath, 1991, zitiert Denise Polit, 1980
52 Kasten, 1995, S. 81
53 Blake, 1989; Ernst & Angst, 1983
54 McGrath, 1991
55 Hyun & Falbo, 1999,
56 Kinderpanel, 2005 S. 94
57 Adler, Psychotherapie und Erziehung. Ausgewählte Aufsätze. Band III: 1933–1937. Fischer, 1983, S. 63 (erstmals erschienen 1934).
58 Kasten, 1994, S. 103
59 Rosenkranz, 2004, S. 1
60 Anna Brake: Wohlfühlen in der Familie. In: Kinderleben? Aufwachsen zwischen Familie, Freunden und Institutionen. Band 1, Vlg. für Sozialwissenschaften, Wiesbaden, 2005, S. 47 f.

61 Roberts & Blanton, 2001
62 Roberts & Blanton, 2001, S. 132
63 Roberts & Blanton, 2001, S. 132 f.
64 Blake, 1989; Falbo & Polit, 1986, 1987, 1988; Falbo & Poston, 1993; Jiao & Ji & Jing, 1996
65 Zajonc & Markus, 1975
66 Belmont & Marolla, 1973
67 TALENT-Studie von Claudy, Farrell & Dayton, 1979
68 Fenton, 1928, S. 555
69 Ernst & Angst, 1983
70 Blake, 1989
71 Blake, 1981
72 Jing et al., 2003
73 Poston & Falbo, 1990, S. 446
74 Blake, 1989
75 Xiao & Zhang, 1985, S. 436
76 Poston & Falbo, 1990
77 Jing et al., 2003; Polit & Falbo, 1987
78 Blake, 1989
79 Blake, 1989. Die eckigen Klammern sind Ergänzungen der Autorin.
80 Elvis Presley, mit Selbstzeugnissen und Bilddokumenten, dargestellt von Alan und Maria Posener, Rowohlt, Reinbek bei Hamburg, 1993
81 Bohannon, 1898
82 Veenhoven & Verkuyten, 1989
83 Kasten, 1995, S. 103; Falbo, 1984
84 Blake, 1981
85 Ellis, 1904
86 Toman & Toman, 1970
87 Katz & Boswell, 1984
88 McGrath, 1991, S. 78
89 DJI-Kinderpanel, 2005
90 www.familienhandbuch.de
91 Poston & Falbo, 1993, S. 19; Fong, 2004
92 Fong, 2004
93 Fong, 2004, S. 179 f.
94 Poston & Falbo, 1993
95 Poston & Falbo, 1993, S. 33
96 Polit, 1982
97 Poston & Falbo, 1993, S. 20; Ernst & Angst, 1983, S. 237

98 Yang, 2007

99 NZZ, 29. Juni 2007

100 Bohannon, 1898, S. 486

101 McGrath, 1991, S. 71

102 Angst, 2003

103 Angst, 2003

104 McGrath, 1991, S. 68 f.

105 Shen & Yuan, 1999

106 Elvis Presley, a. a. O., 1993, S. 89

107 Veenhoven & Verkuyten, 1989

108 McGrath, 1991, S. 49 f.

109 Blake, 1989

110 Berk, 2002

111 DJI-Kinderpanel, 2005

112 In der Schweiz wird in 66 % der Fälle das Sorgerecht für die Kinder der Mutter zugesprochen. In 25 % der Fälle nehmen es Mutter und Vater weiterhin gemeinsam wahr. Der Anteil der Väter, denen das Sorgerecht zugesprochen wird, liegt derzeit bei 7 % (Familienbericht des Eidgenössischen Departements des Innern, 2004).

113 Blake, 1989

114 Polit 1984, S. 179

115 Polit, 1984

116 Groat et al., 1984, S. 254

117 Kasten, 1995, zitiert Feiring & Lewis

118 Kitzmann et al., 2002

119 Blake, 1989, S. 228 f.

120 Kitzmann et al., 2002

121 Roberts & Blanton, 2001, S. 130

122 McGrath, 1991, S. 131

123 Roberts & Blanton, 2001

124 Blake, 1989

125 Kasten, 1995; McGrath, 1991

126 Falbo, 2003

127 Beck-Gernsheim, 2006, S. 128

128 Beck-Gernsheim, 2006

129 Berk, 2005

130 »Der Spiegel« Nr. 9, 26. 2. 07

131 Leben in Deutschland. Haushalte, Familien und Gesundheit – Ergebnisse des Mikrozensus, 2005, hg. vom Statistischen Bundesamt, 2006, S. 44

132 Bohannon, 1896, S. 37

133 In Schweden erleben nur drei von 1000 Kindern ihren fünften Geburtstag nicht; in Dänemark, Norwegen, Island und Singapur nur vier von 1000 Kindern; in Deutschland, Finnland, Griechenland, Japan, Korea, Luxemburg, Malta, Monaco, Niederlande, Österreich, Slowenien, Tschechien nur fünf von 1000 Kindern (Quelle: UNICEF, Progress for children. A Child Survival Report Card, Vol. 1, 2004).

134 Claudy, 1984

135 Blake, 1989, S. 127 und 101

136 Ernst & Angst, 1983

137 Kasten, 1995; Wu & Tang, 2002; Kinderpanel 2005; Zhong-Hui et al., 2006

138 Ernst & Angst, 1983, S. 260

139 Ernst & Angst, 1983, S. 282

140 Kinderpanel, 2005, S. 71

141 Kasten, 1995, S. 146

142 Ernst & Angst, 1983, S. 147

143 Zhong-Hui et al., 2006

144 Sulloway, 1996, S. 362 ff.

145 Sulloway, 1996, S. 204

146 Polit & Falbo, 1987, S. 309

147 Ernst & Angst, 1983, S. XI

148 Ernst & Angst, 1983, S. 283

149 Stewart, 2004, S. 168; Ernst & Angst, 1983; Jefferson, Herbst & McCrae, 1998; Parker, 1998 u. a.

150 Stewart, 2004

151 Schachter, 1959

152 Stewart, 2004, S. 168 f.

153 4. Klassifikationsausgabe des Diagnostischen und Statistischen Handbuches Psychischer Störungen, 1996

154 Roberts & Blanton, 2001

155 Poston & Falbo, 1993

156 Curtis und Cowell (1993) untersuchten nur gerade 50 Personen, die in einer Institution für psychisch Kranke und für Familientherapie rekrutiert worden und insofern nicht repräsentativ für die Gesellschaft waren. So muss das Resultat, dass die Einzelkinder (und Erstgeborenen) darunter höhere Narzissmus-Werte hatten, mit Vorsicht betrachtet werden und kann nicht verallgemeinert werden. Eyring und Sobelman (1996) testeten 79 Psychologie-Studentinnen und

-Studenten, also ebenfalls kein repräsentatives Sample; ihr Resultat war günstig für Einzelkinder, es wurde kein Zusammenhang zwischen Geschwisterlosigkeit und Narzissmus gefunden.

157 http://www.medizin-im-text.de/blog/?p=147
158 Cooper et al., 1984
159 Cooper, 1984, S. 138 f.
160 Falbo, 1984, S. 14 f.
161 McGrath, 1991, S. 153
162 Anthony Storr: Solitude: A Return to the Self. Zitiert in McGrath, 1991, S. 128 f.
163 Roberts & Blanton, 2001
164 Insbesondere René Spitz, 1965
165 DJI-Kinderpanel, 2005, S. 137
166 Venhoven & Verkuyten, 1989
167 Venhoven & Verkuyten, 1989
168 Claudy, 1984; Venhoven & Verkuyten, 1989; Poston & Falbo, 1990; Kasten, 1995
169 Katz & Boswell, 1984, S. 89
170 Bohannon, 1898, S. 481
171 Neal, 1927, zitiert in Fenton, 1928: »Being an only child is a disease in itself.«
172 Fenton, 1928, S. 552 ff.
173 Angst, 1983, S. 267
174 Marleau et al., 2004
175 Wu & Tang, 2002
176 Wu & Tang, 2002, S. 454
177 Shen & Yuan, 1999
178 Tseng et al., 2000; Wang et al., 2000; Liu & Munakata & Onuoha, 2005; Chang, 2005; Zhong-Hui & Hui-Lan & Jian-Xin, 2006; Wei, 2006
179 Jing et al., 2003, Abstract
180 Kasten, 1995, S. 115
181 Schiller, 2006
182 Tao & Dong, 2000
183 Skelton, 1997
184 Fong, 2004, S. 3
185 Poston & Falbo, 1993
186 http://www.hphein.de/index.htm
187 Fong, 2004
188 Nach sechs Jahren Grundschule absolvieren die Schüler

mit rund zwölf Jahren eine Prüfung für die obligatorische untere Mittelschule, die drei Jahre dauert. Anschließend findet eine Abschlussprüfung statt, deren Ausgang darüber entscheidet, ob beziehungsweise welche Oberstufe der Mittelschule man besuchen kann. Fast 40 % werden in die 3-jährige Oberstufe aufgenommen und haben später die Chance, auf eine Universität zu gehen. Die, die es nicht schaffen oder es nicht wollen, besuchen eine 2- bis 4-jährige Fachoberschule, Berufsfachschule oder Realschule, nach deren Abschluss sie ins Berufsleben einsteigen.

189 Fong, 2004, S. 1
190 Fong, 2004, S. 2 f.
191 Fong, 2004, S. 29
192 Zitat von Falbo in McGrath, 1991, S. 24
193 Zhu Dake, in der »SonntagsZeitung« vom 6. 4. 08
194 Zitat von Falbo in McGrath, 1991, S. 24
195 Prof. Philippe Wanner, im »Tages-Anzeiger« vom 11. 4. 08
196 Blake, 1989
197 Norman Fenton, 1928
198 Blake, 1989
199 Blake, 1989, S. 231
200 Blake, 1989, S. 232
201 Claudy et al., 1979
202 Blake, 1989
203 Tsui & Rich, 2002
204 Zhong, 1996
205 Nach Poston & Falbo, 1993
206 DJI-Familienpanel, 2005
207 Rufer, 2004, S. 233
208 Poston & Falbo, 1993, S. 32
209 Groat et al., 1984
210 DJI-Kinderpanel, 2005, S. 83
211 Wang et al., 1998
212 Sulloway, 1996, S. 191
213 Claudy, 1984, S. 248
214 Polit & Falbo, 1987
215 Kasten, 1995, 1998
216 Berk, 2005, S. 452
217 Beer, 2004, S. 143
218 Beer (2004), Nur ein Kind! Auf dem Weg zur Ego-Gesellschaft

219 Liu et al., 2005,
220 Beer, 2004, S. 143
221 Blake, 1981; Claudy et al., 1984
222 Katz & Boswell, 1984, S. 109
223 Claudy, 1984, S. 244
224 Groat et al., 1984
225 Blake, 1981, S. 52
226 Griffin, 2002
227 Blake, 1989, S. 229
228 DJI-Kinderpanel, 2005, S. 89 f. Einzig eine kleine Studie aus den USA, Kitzmann et al. (2002), will herausgefunden haben, dass Einzelkinder bei ihren Klassenkameraden weniger gut ankamen.
229 Cicirelli, 1995; DJI-Kinderpanel, 2005
230 McGrath, 1991, S. 93
231 Rufer, 2004, S. 225
232 Berk, 2005
233 zitiert in McGrath, S. 101
234 Kasten, 1994, S. 109, zitiert Henri Parens, 1988.
235 McGrath, 1991, S. 96
236 Kasten, 1995
237 Berk, 2005
238 Cicirelli, 1995
239 Ernst & Angst, 1983, S. 28
240 Rufer, 2004, S. 228
241 DJI-Kinderpanel, 2005, S. 69
242 Mancillas, 2006, S. 272
243 Bohannon, 1898
244 Kasten, 1995, S. 114
245 Kitzmann et al., 2002, S. 308
246 Definition nach Werner, N. E., Bigbee, M. A., & Crick, N. R. (1998). Relational aggression in childhood and adolescence: ›Equal opportunity‹ for aggressive girls? In M. Schaefer and D. Frye (Eds.), Aggression und Gewalt unter Kindern und Jugendlichen – Von Medien suggeriertes Problem oder empirisch belegtes Faktum? Göttingen: Hofgrefe
247 DJI-Kinderpanel, 2005, S. 51
248 DJI-Kinderpanel, 2005, S. 83
249 Kasten, 1995, S. 114
250 McGrath, 1991, S. 205
251 McGrath, 1991, S. 224

252 Sullivan, 1980
253 DJI-Kinderpanel, 2005, S. 24
254 Claudy et al., 1984, S. 227
255 DJI-Kinderpanel, 2005, S. 84
256 DJI-Kinderpanel, 2005, S. 44
257 Claudy, 1984
258 McGrath, 1991, S. 225
259 Kasten, 1994, S. 122, zitiert die US-amerikanische Wissen-
    schaftlerin Joan Pulakos (1989)
260 Joan Pulakos, 1989
261 Erich Kästner, Als ich ein kleiner Junge war. Atrium Verlag
    Zürich, 1996 (erstmals erschienen 1957), S. 137
262 Netzwerk Chancengleichheit, 2007
263 http://limited.blog.de/2007/02/21/china_wird_alt_bevor_
    es_reich_ist~1778980
264 Zeitschrift für Entwicklung und Zusammenarbeit, http://
    www.inwent.org/E+Z/content/archiv-ger/06-2005/schwer_
    art2.html
265 Zhang et al., 2001, Abstract
266 Zeitschrift für Entwicklung und Zusammenarbeit, http://
    www.inwent.org/E+Z/content/archiv-ger/06-2005/
    schwer_art2.html
267 Ma, 2007, Abstract
268 Deutsch, 2006, Abstract
269 Fong, 2007, Abstract
270 Falbo, 1984; Polit & Falbo, 1987; Kasten, 1995; Phillips &
    Phillips, 2000; Roberts & Blanton, 2001; Rosenkranz, 2004
271 Rosenkranz, 2004, S. 14 f.
272 Kasten 1995, S. 141; DJI-Kinderpanel, 2005
273 Kasten, 1995, S. 134
274 DJI-Kinderpanel, 2005, S. 94
275 Kasten, 2007, S. 22
276 Kasten, 2007, S. 22
277 DJI-Kinderpanel, 2005, S. 72 und 190
278 Leben in Deutschland. Haushalte, Familien und Gesund-
    heit – Ergebnisse des Mikrozensus 2005, hg. vom Statisti-
    schen Bundesamt, 2006, S. 44
279 Leben in Deutschland, a. a. O., S. 44
280 McGrath, 1991, S. 26
281 Bohannon, 1898
282 McGrath, 1991, S. 25 f.

283 Falbo, 1984, S. 2
284 McGrath, 1991, S. 25 f.
285 Falbo, 1984, S. 2
286 Falbo, 1984, S. 2
287 Groat, 1984, S. 255
288 Groat, 1984, S. 255
289 Groat, 1984, S. 253 f.
290 Blanton & Roberts, 2001, zitieren Seite 127 Rice, 1999
291 Berk, 2005, S. 264
292 Poston & Falbo, 1990
293 DJI-Kinderpanel, 2005, S. 105
294 DJI-Kinderpanel, 2005, S. 105
295 Jung & Wan, 1997
296 Zhang & Shiji, 1998
297 Pressemitteilung des Bundesministeriums für Familie, Se-
    nioren, Frauen und Jugend; http://www.bpjm.bund.de/
    bmfsfj/generator/Kategorien/Archiv/15-Legislaturperiode/
    pressemitteilungen,did=18456.html, 24.5.2004
298 Berk, 2005, S. 341
299 DJI-Kinderpanel, 2005, S. 95
300 Polit & Falbo, 1986
301 z.B. Tao 1999; Tseng 2000; Kitzmann et al., 2002
302 Riggio, 1999, zitiert in Kasten, 1995, S. 115
303 Kitzmann et al., 2002
304 Fong, 2004, S. 152 f.
305 Die folgenden Zitate stammen, bis anders vermerkt, aus
    Bohannon, 1896.
306 Bohannon, The Only Child in a Family, 1898
307 Bohannon, 1898, S. 487 f.
308 Alle folgenden (unvollständigen) Namen und die Zitate
    stammen aus Fenton, 1928, S. 547 ff.
309 The Blantons in ihrem Buch »Child Guidance«, (ohne
    Jahr), S. 175
310 Mead und Abel, »Good Manners for Children«, 1926, S. 130
311 Wexberg, »Your Nervous Child«, S. 82
312 Fenton, 1928
313 Fenton, 1928, S. 550 ff.
314 Zur gleichen Behauptung versteigt sich 2005 auch der
    deutsche Psychologe Ulrich Beer, der von sich behauptet,
    er habe Einzelkinder schon an ihrer Art, sein Praxiszimmer
    zu betreten, erkannt: »Ich kann es schwer verständlich ma-

chen und verstehe es selbst kaum, woran dies zu erkennen war: Eine bestimmte Art, zu zweit, aber ohne Beziehung zueinander dicht hintereinander oder nebeneinander aufzutreten, war vielleicht der Grund. Oder ein bestimmter empfindlicher Zug im Gesicht, etwas hilflos Gekränktes – der Fachmann würde von Kränkung des Narzissmus sprechen – ließ mich, übrigens ganz intuitiv, darauf kommen« (in Beer, 2004, S. 107).

315 Graham McCann: Marilyn Monroe. Polity Press, Cambridge, 1988, S. 197

Bibliographie

Adler, Alfred, Psychotherapie und Erziehung. Ausgewählte Aufsätze. Band III: 1933–1937. Fischer, 1983 (zuerst erschienen 1934 in *Internationale Zeitschrift für Individualpsychologie*, Jahrg. 12)

Alt, Christian (Hg.) (2005), Kinderleben – Aufwachsen zwischen Familie, Freunden und Institutionen. Band 1: Aufwachsen in Familien. Band 2: Aufwachsen zwischen Freunden und Institutionen. VS Verlag für Sozialwissenschaften, Wiesbaden, 2005 (abgekürzt: DJI-Kinderpanel, 2005)

Angst, Peter (2003), Verwöhnte Kinder fallen nicht vom Himmel, Zytglogge, Bern

Beck-Gernsheim, Elisabeth (2006), Die Kinderfrage heute, Beck, München

Beer, Ulrich (1994), Die Einzelkind-Gesellschaft. Auf dem Weg zum kollektiven Egoismus?, mvg Verlag, München, Landsberg am Lech

Beer, Ulrich (2004), Nur ein Kind! Auf dem Weg zur Ego-Gesellschaft. Centaurus, Herbolzheim

Belmont, Lillian; Marolla, Francis A. (1973), Birth order, family size, and intelligence. *Science* 182, pp. 1096–1101

Berk, Laura E. (2006), Entwicklungspsychologie, Pearson, München

Bertram, H. (1988), Immer weniger Kinder, immer mehr Erziehung, in: Deutsches Jugendinstitut (Hg.): Wie geht's der Familie? Ein Handbuch zur Situation der Familie heute. München

Blake, Judith (1981), The only child in America: Prejudice versus performance. *Population and Development Review*, Vol. 7, No. 1, March 1981, pp. 43–54

Blake, Judith (1989), Family Size and Achievement. University of California Press, Berkeley

Brill, Abraham A. (1925), The only or favorite child in adult life. In: Van Teslaar, J. S. (1925), An outline of psychoanalysis. Modern Library, xviii, pp. 128–139 (Reprint des Originals von 1912, erschienen in: Psychanalysis: Its theories and practical application, 1912, Philadelphia, US: W B Saunders Co., pp. 253–266

Bohannon, E. W. (1898), A Study of Peculiar and Exceptional Children, *Pedagogical Seminary* 4, no. 1, pp. 3–60

Bohannon, E. W. (1898), The Only Child in the Family, *Pedagogical Seminary,* Vol. 5, no. 4, April 1898, p. 475 ff.

Bush, J. E.; Ehrenberg, M. F. (2003), Young persons' perspectives on the influence of family transitions on sibling relationships: A qualitative exploration. *Journal of Divorce and Remarriage.* Vol 39 (3–4), 2003, pp. 1–35

Chang, Chuan (2005), Temperament in Chinese children: A Comparison of Gender and Self/Parental Ratings. Dissertation UMI AAI3151097, University of Hawaii

Ching, C. C. (1982), The One-Child Family in China: The Need for Psychosocial Research. *Studies in Family Planning.* Vol. 13, No. 6/7, Juni–Juli 1982, pp. 208–212

Cicirelli, Victor. G. (1995), Sibling Relationships across the Life Span, Plenum Press, New York, London

Claudy, John G.; Farrell, W. S. Jr.; Dayton, C. W. (1979), The Consequences of Being an Only Child: An Analysis of Project Talent Data. American Institutes for Research, Palo Alto, California

Claudy, John G. (1984), The Only Child as a Young Adult: Results from Project Talent, in: Falbo, Toni (ed.), *The Single-Child Family,* Guilford Press, New York, 1984, S. 211 ff.

Cooper, Catherine R.; Grotevant, Harold D.; Moore, Mary Sue; Condon, Sherri M. (1984), Adolescent Role Taking and Identity. *The Single-Child Family,* Guilford Press, New York

Curtis, J.; Cowell, D. (1993), Relation of birth order and scores on measures of pathological narcissism. *Psychological Reports,* 72, pp. 311–315

Day, Lincoln H. (1991), Is there any socially significant psychological difference in being an only child? The evidence from some adult behavior. *Journal of Applied Social Psychology,* Vol 21(9) May 1991, pp. 754–773

Dittrich, Maria L. (2006), Coming out to parents: Parental trust and solidarity among only children and non-only children.

Dissertation Abstracts International: Section B: The Sciences and Engineering. Vol 66(7-B), 2006, 3945

Doh, H., & Falbo, Toni (1999), Social competence, maternal attentiveness, and overprotectiveness: Only children in Korea. *International Journal of Behavioral Development*, 23, pp. 149–162

Eischens, Alissa, The Dilemma of the Only Child, http://www.personalityresearch.org/papers/eischens2.html

Ernst, Cécile; Angst, Jules (1983), Birth order: Its influence on personality. Springer, Berlin, Heidelberg, New York

Eyring, W. & Sobelman, S. (1996). Narcissism and birth order. *Psychological Reports*, 78, pp. 403–406

Falbo, Toni (1984), Only Children: A Review, in: Toni Falbo (ed.), *The Single-Child Family*, Guilford Press, New York, 1984

Falbo, Toni; Polit, Denise (1986), A Quantitative Review of the Only-Child Literature: Research Evidence and Theory Development, *Psychological Bulletin* 100 (1986), pp. 176–189

Falbo, Toni; Polit, Denise (1987), Only Children and Personality Development: A Quantitative Review, *Journal of Marriage and the Family* 49 (1987), pp. 309

Falbo, Toni; Poston, Dudley L.; Ji G.; Jing Q.; Wangs S.; Gu Q.; Yin H. & Liu Y. (1989), Physical, achievement, and personality characteristics of Chinese children. *Journal of Biosocial Science*, Vol. 21, pp. 483–495

Falbo, Toni; Poston, Dudley L. (1990), Academic Performance and Personality Traits of Chinese Children: ›Onlies‹ versus ›Others‹, *American Journal of Sociology* 96, no. 2 (1990), pp. 433

Falbo, Toni (1992), Social norms and the one-child family: Clinical and policy implications. In: F. Boer & J. Dunn (Eds.), *Children's sibling relationships: Developmental and clinical issues* (pp. 71–82), Erlbaum, Hillsdale, NJ

Falbo, Toni; Poston, Dudley L. Jr. (1993), The Academic, Personality, and Physical Outcomes of Only Children in China, in: *Child Development*, Vol. 64, No. 1 (Feb. 1993), pp. 18–35

Falbo, Toni (2003). Myths about only children. Retrieved March 15, 2003, from University of Texas at Austin, Utopia Web Site: http://utopia.utexas.edu/articles/opa/only_children.html?sec=families&sub=none

Feiring, Candice; Lewis, Michael (1984), Only and First-Born Children: Differences in Social Behavior and Development, in: Falbo, Toni (ed.), *The Single-Child Family*, Guilford Press, New York

Fenton, Norman (1928), The Only Child, *The Pedagogical Seminary and Journal of Genetic Psychology* Vol 35 (1928), pp. 546–56

Groat, H. Theodore; Wicks, Jerry W. (1984), Without Siblings: The Consequences in Adult Life of Having Been an Only Child, in: Falbo, Toni (ed.), *The Single-Child Family*, Guilford Press, New York

Herrera, N.; Zajonc, Robert; Wieczorkowska, G., & Cichomski, B. (2003). Beliefs about birth rank and their reflection in reality. *Journal of Personality and Social Psychology*, 85, pp. 142–150

Fong, Vanessa L. (2004), Only hope. Coming of Age Under China's One-Child Policy. Stanford University Press, Stanford, CA

Fong, Vanessa L. (2007), Parent-child communication problems and the perceived inadequacies of Chinese only children, *Ethos*, Vol 35(1) Mar 2007, pp. 85–127

Gilles, A. (1987), Nur ich allein. Aufwachsen als Einzelkind. In: Hagedorrn, F. (Hrsg.): Kindsein ist kein Kinderspiel. Frankfurt a. M.

Glenn, N., & Hoppe, S. (1984). Only children as adults: Psychological well-being. *Journal of Family Issues*, 5, pp. 363–382

Goode, Erica (1994), Cracking the Myth of the Pampered, Lonely Misfit, *U. S. News & World Report*, January 10

Griffin, Torri Lynne (2002), The adult only child, birth order and marital satisfaction as measured by the Enrich Couple Inventory. Dissertation Abstracts International: Section B: The Sciences and Engineering. Vol. 62(10-B) Apr 2002, 4837

Hall, G. Stanley (1907), Aspects of Childhood Life and Education. Hg. T. L. Smith, Ginn, Boston,

Hawke, Sharryl, Knox, David (1977), One Child by Choice. Englewood Cliffs, Prentice-Hall, N.J.

Hawke, Sharryl, Knox, David (1978), The one-child family: A new life style. *The Family Coordinator*, pp. 215–219

Hyun-Sim, Doh; Toni, Falbo (1999), Social Competence, Maternal Attentiveness, and Overprotectiveness: Only Children in Korea, *International Journal of Behavioral Development*, Vol. 23, No. 1, pp. 149–162

Jiao, Shulan; Ji, Guiping; Jing, Qicheng, (Ching C.C.) (1986), Comparative Study of Behavioral Qualities of Only children and Sibling Children. *Child Development*, Vol. 57, No. 2 (April 1986), pp. 357–361

Jiao, Shulan; Ji, Guiping; Jing, Qicheng (1996), Cognitive development of Chinese urban only children and children with siblings. *Child Development*. Vol 67(2) April 1996, pp. 387–395

Jing, Qicheng; Wan, Chuanwen (1997), Socialization of Chinese children. Cross-cultural research and methodology series, Vol. 19. in: Kao, Henry S. R. (Ed); Sinha, Durganand (Ed). (1997). Asian perspectives on psychology. 59–73. Sage Publications, Thousand Oaks, CA, Inc 396 pp.

Jing, Qicheng; Wan, Chuanwen; Lin, Guobin; Ji, Guiping; Jiao, Shulan; Fan, Cunren (2003), Psychological Studies on Chinese Only Children in the Last Two Decades. *Bulletin*, Vol 3(2), 2003, pp. 163–181

Kasten, Hartmut (1994), Geschwister. Vorbilder, Rivalen, Vertraute. Springer, Berlin, Heidelberg, New York

Kasten, Hartmut (1995), Einzelkinder: Aufwachsen ohne Geschwister. Springer, Berlin

Kasten, Hartmut (2007), Einzelkinder und ihre Familien. Hogrefe und Huber, Göttingen und Bern

Katz, Phyllis A.; Boswell, Sally L. (1984), Sex-Role Development and the One-Child Family, in: Falbo, Toni (ed.), *The Single-Child Family*, Guilford Press, New York

Kitzmann, Katherine M.; Cohen, Robert; Lockwood, Rebecca, L. (2002), Are Only Children Missing Out? Comparison of the Peer-Related Social Competence of Only Children and Siblings. *Journal of Social and Personal Relationships*, 19, pp. 299–316

Kupsch, Melanie (2006), Vereinbarkeit von Familie und Beruf in Europa. Verlag Dr. Kovac, Schriftenreihe *Studien zur Familienforschung*, Band 16, Hamburg 2006

Kürthy, T. v. (1988), Einzelkinder: Chancen und Gefahren im Vergleich mit Geschwisterkindern, München

Lempp, R. (1986), Familie im Umbruch, München

Lijuan, An; Zhong, Cong; Xin, Wang (2004), Research of High School Students' Security and the Related Factors. *Chinese Mental Health Journal*, Vol 18(10), Oct 2004, pp. 717–719

Liu, Chenying; Munakata, Tsunetsugu; Onuoha, Francis N. (2005), Mental health condition of the only-child: A study of urban and rural high school students in China. *Adolescence*, Vol 40(160), Win 2005, pp. 817–830

Ma, Huidi; Liu, Er; Liu, Xiaoting; Liu, Fenghua (2007), Family and Marriage in China after the Implementation of the Single-Child Policy. Holman, Thomas B.; Loveless, A. Scott (eds): The family in the new millennium: World voices supporting the ›natural‹ clan, Vol 1: The place of family in human society. S. 102–113. Praeger Publishers/Greenwood Publishing Group, Westport, CT

Mancillas, Adriean (2006), Challenging the Stereotypes About Only Children: A Review of the Literature and Implications for Practice. *Journal of Counseling and Development*, Vol 3(2) Sum 2006, pp. 268–275

Marleau, Jacques D.; Breton, Jean-Jacques; Chiniara, Gisele; Saucier, Jean François (2004), Differences Between Only Children and Children with 1 Sibling Referred to a Psychiatric Clinic: A Test of Richards and Goodman's Findings, *The Canadian Journal of Psychiatry*, Vol 49(4), Apr 2004, pp. 272–277

McCann, Graham (1988): Marilyn Monroe. Polity Press, Cambridge

McGrath, Ellie (1989). My one and only: The special experience of the only child. New York: Morrow. Deutsche Übersetzung: Mein Ein und Alles: ein Plädoyer für das Einzelkind. Ernst Kabel, Hamburg, 1991

McKibben, Bill (1998), maybe one. A Personal and Environmental Argument for Single-Child Families, Simon & Schuster

McLaughlin, Deirdre P.; Harrison, Christine A. (2006), Parenting Practices of Mothers of Children with ADHD: The Role of Maternal and Child Factors. *Child and Adolescent Mental Health.* Vol 11(2), May 2006, pp. 82–88

Mellor, S. (1990). How do only children differ from other children?, *Journal of Genetic Psychology*, 151, pp. 221–230

Merrill, Maud A. (2006), Onlies, Stanford University, Stanford, CA (Reprint eines Ratgebers von 1956, Original in *Contemporary Psychology*, 1959, Vol 1(2), pp. 53–54)

Miller, Alice (1979), Das Drama des begabten Kindes und die Suche nach dem wahren Selbst. Suhrkamp, Frankfurt a. M. (101. bis 120. Tausend 1981)

Moilanen, I; Linna, S.-L.; Ebeling, H.; Kumpulainen, K; Tamminen, T.; Piha, J.; Almqvist, F. (1999), Are twins' behavioural/ emotional problems different from singletons? *European Child and Adolescent Psychiatry*, Vol 8(Suppl 4) 1999, pp. 62–67

Munsun Miller, Linda (1993). Sibling status effects: Parents' perceptions of their own children. *Journal of Genetic Psychology*, 154, pp. 189–198

Neal, Eva (1927), The only child. *The Mental Health Bulletin*, 5(9) November 1927, pp. 1–3

Newman, Susan (1990), Parenting an Only Child: The Joys and Challenges of Raising Your One and Only. Doubleday, New York

Newman, Susan (2001). Parenting an only child: The joys and challenges of raising your one and only. Broadway Books, New York

Phillips, A. & Phillips, C. (2000). Birth-order differences in self-attribution for achievement. *Journal of Individual Psychology*, 56, pp. 474–480

Posener, Alan & Posener, Maria (1993) Elvis Presley, mit Selbstzeugnissen und Bilddokumenten. Rowohlt, Reinbek

Polit, Denise F.; Nuttall, R. & Nuttall, E. (1980). The only child grows up: A look at some characteristics of adult only children. *Family Relations*, 29, pp. 99–106

Polit, Denise F., The Only Child in Single-Parent Families, *The Single-Child Family*, hg. Toni Falbo, 1984, S. 178–210

Polit, Denise F., & Falbo, Toni (1987). Only children and personality development: A quantitative review. *Journal of Marriage and the Family*, Vol. 49, No. 2 (May 1987), pp. 309–325

Polit, Denise F. & Falbo, Toni (1988). The intellectual achievement of only children. *Journal of Biosocial Science*, 20, pp. 275–285

Poston, Dudley L. Jr.; Yu, M. Y. (1986), The one-child family: International patterns and their implications for the People's Republic of China. *Journal of Biosocial Science*, Vol. 18, pp. 305–310

Poston, Dudley L. Jr. ; Falbo, Toni (1990). Academic performance and personality traits of Chinese children: »Onlies« versus others. *American Journal of Sociology*, Vol. 96, No. 2, Sept. 1990, pp. 433–451

Pulakos, Joan (1989), Young adult relationships: Siblings and friends. *Journal of Psychology*, 123, pp. 237–242

Riggio, H. (1999). Personality and social skill differences between adults with and without siblings. *Journal of Psychology*, 133, pp. 514–522

Roberts, L., & Blanton, P. (2001). »I always knew mom and dad loved me best«: Experiences of only children. *Journal of Individual Psychology*, 57, pp. 125–140

Rogers, J. L.; Cleveland, H. H.; Van Oord, E.; Rowe, D. (2000), Resolving the Debate Over Birth Order, Family Size and Intelligence. *American Psychologist*, Vol. 55

Rollin, Marion (1990), Typisch Einzelkind. Das Ende eines Vorurteils. Hoffmann und Campe, Hamburg

Rosenberg, B., & Hyde, J. (1993). The only child: Is there only one kind of only? *Journal of Genetic Psychology*, 154, pp. 269–282

Rosenkranz, Nicole L. (2004), A phenomenological study of guilt in the separation and adjustment process of the female, only child, freshman college student. *Dissertation Abstracts International: Section B: The Sciences and Engineering.* Vol 66(5-B)

Rufer, Marcel (2004), Geschwisterliebe, Geschwisterhass. Die prägendste Beziehung unserer Kindheit. Piper, München

Saad, L. (2004). Small families are most Americans' ideal but young adults fancy larger families. Gallup Poll News Service. Retrieved March 30, 2004, http://poll.gallup.com/content/default.aspx?CI=11113

Schachter, S. (1959), The psychology of affiliation. Stanford University Press, Stanford, CA

Seccombe, Karen (2007), Families and their Social Worlds, Allyn & Bacon, Portland State University, Portland, MA

Shen, Jianping; Yuan, Bao-Jane (1999), Moral values of only and sibling children in mainland China. *Journal of Psychology: Interdisciplinary and Applied*, Vol 133(1) Jan 1999, pp. 115–124

Simon, Harriet Fishman (1999), Secondary infertility, Covington, Sharon N (Ed); Burns, Linda Hammer (Ed), 1999. Infertility counseling: A comprehensive handbook for clinicians, 313–322, Parthenon Publishing Group, New York, NY, xvii, 630 pp.

Solomon, E. S.; Clare, J. E.; Westoff, C. F. (1956), Fear of childlessness, desire to avoid having an only child, and children's desires for siblings. *Milbank Memorial Fund Quarterly* 34, No. 2 (April 1956), pp.160–177

Spitz, René (1965), Vom Säugling zum Kleinkind: Naturgeschichte der Mutter-Kind-Beziehungen im ersten Lebensjahr, Klett-Cotta Verlag, Stuttgart 1996 (englische Erstausgabe: The First Year of Life, 1965)

Statistisches Bundesamt (2006): Leben in Deutschland. Haushalte, Familien und Gesundheit – Ergebnisse des Mikrozensus 2005, Statistisches Bundesamt (Hg.) Wiesbaden

Stewart, A. (2004). Can knowledge of client birth order bias clinical judgment? *Journal of Counseling & Development*, 82, pp. 167–176

Strom, Robert D.; Xie, Qing; Strom, Shirley K. (1996), Family changes in the people's Republic of China, Journal of Instructional Psychology, Vol 22(3) Sep 1995, pp. 286–292

Sulloway, F. (1996). Born to rebel: Birth order, family dynamics, and creative lives. Pantheon Books, New York, NY

Tang, Huiqin; Li, Min; Xu, Taoyuan (2002), Effect of early education on psychosocial development of single children, *Chinese Mental Health Journal*, Vol 16(7) Jul 2002, pp. 443–445

Tao, Guotai; Qiu, Jinghua; Li, Baolin; Tseng, Wenshing (1996), Comparison of behavior development between only children and children with siblings: a 6-yr follow-up study. *Chinese Mental Health Journal*, Vol 10(1) Feb 1996, pp. 1–5

Tao, Guotai; Qiu, Jinghua; Li, Baolin; Zeng, Wenxing; Xu, Jing (1999), Longitudinal study of psychological development of single and non-single child: A 10-year follow-up study in Nanjing, *Chinese Mental Health Journal*, Vol 13(4) May 1999, pp. 210–212

Tao, Sha; Dong, Qi (2000), Only children's anxiety and depression during transition to university in the People's Republic of China, *Journal of Psychology in Chinese Societies*, Vol 1(1) 2000, pp. 35–55

Tarnero-Pansart, Marie-Claude (1999), L'enfant unique. La mauvaise réputation. Editions Autrement, Collection Mutations no 186, Paris

Travis, R., & Kohli, V. (1995). The birth order factor: Ordinal position, social strata, and educational achievement. *Journal of Social Psychology*, 135, pp. 499–507

Tseng, Wen-Shing; Tao Kuo-Tai; Hsu, Jing; Qiu, Jing-Hwa; Li, Baolin; Goebert, Deborah (2000), Longitudinal Analysis of Development among Single and Nonsingle Children in Nanjing, China: Ten-Year Follow-Up Study. in: *Journal of Nervous & Mental Disease*. Vol. 188(10), pp. 701–707, October 2000

Veenhoven, R., & Verkuyten, M. (1989). The well-being of only children. *Adolescence*, 24, pp. 155–166.

Wang, Qi; Leichtman, Michelle D.; White, Sheldon, H. (1998), Childhood memory and self-description in young Chinese adults: The impact of growing up an only child. *Cognition*, Vol 69(1) Nov 1998, pp. 73–103

Watson, P., & Biderman, M. (1989). Failure of only-child status to predict narcissism. Perceptual & Motor Skills, 69, 1346

Wei, Caihong (2006), Great expectations in hard times: The psychological risks of Chinese only children in late adolescence. Dissertation Abstracts International Section A: Humanities and Social Sciences, Vol 66 (11-A)

Wu, De; Tang, -Jiulai (2002), Morality, personality, and temperament of single and nonsingle children aged 4–14 years. *Zhongguo-xinli-weisheng-zazhi*, Vol 16(7) / Jul 2002, Beijing, pp. 454–456

Yang, Juhua (2007), China's one-child policy and overweight children in the 1990s. *Social Science and Medicine*, Vol. 64(10) May 2007, pp. 2043–2057

Zajonc, Robert B. (1975): Dumber By the Dozen, *Psychology Today*, Januar 1975, pp. 37–43

Zhang, Shiji (1998), Investigation of behaviour problem of only child in kindergarten children in a Beijing urban area. *International Medical Journal*. Vol 4(2) Juni 1997, pp. 117–118

Zhang, Yuching; Kohnstamm, Geldoph A.; Cheung, Ping-Chung; Lau, Sing (2001), A new look at the old ›little emperor‹: Developmental changes in the personality of only children in China, *Social Behavior and Personality*, Vol 29(7) 2001, pp. 725–731

Zhong-Hui, Wang; Hui-Lan, Luo; Jian-Xin, Zhang (2006), The Relationship between Parental Rearing and Adolescent Personality Traits. *Chinese Journal of Clinical Psychology*. Vol 14 (3), Juni 2006, pp. 315–317

Zhong, Mei (1996), Analysis of cultural and social factors and their influences on communication of the urban only-child generation of the people's republic of China. *Dissertation Abstracts International Section A*

Sandra Lüpkes
Ich verlasse dich
Ein Ratgeber für den, der geht
256 Seiten. Broschur

»Als ich meinem Mann mitgeteilt habe, dass ich ihn verlassen werde, haben wir beide eine Beratungsstelle aufgesucht. Während er mit einem ganzen Stapel Ratgeber versorgt wurde, bekam ich noch nicht einmal ein Blatt Papier in die Hand.« Wer eine Beziehung beendet, wird mit seinen Gefühlen meist ziemlich allein gelassen, alle Aufmerksamkeit wird dem zuteil, der verlassen wurde. Es scheint, als verliere man mit dem Satz »Ich verlasse dich« jedes Recht auf Leiden, Mitleid oder Unterstützung – schließlich hat man es doch so gewollt. Dabei fordert schon die Phase vor dem endgültigen Aus alles von dem, der geht: den Mut zur Entscheidung, das Trennungsgespräch, das Planen des Danach.

Krüger Verlag

Esma Abdelhamid / Marianne Moesle
Löwenmutter
Mein Ausbruch aus zwölf Jahren Zwangsehe in
Deutschland und der Kampf um meine Kinder
322 Seiten. Gebunden

»Weißt du eigentlich, dass ich zwölf Jahre in Hamburg
gelebt habe, ohne die Alster zu sehen?«, fragt Esma Abdelhamid und beginnt zu erzählen: Davon, wie sie von ihrem
Mann in ein fremdes Land gebracht wurde und jahrelang
nichts anderes als die vier Wände ihrer Wohnung kannte,
immer wieder verprügelt, wenn ihm etwas nicht passte,
zum Kinderkriegen gerade recht. Zwölf Jahre verbrach-
te sie in Hamburg. Nachdem ihr Mann die Kinder nach
Tunesien entführt hatte, fand sie endlich den Mut und
die Kraft, ihn zu verlassen. Sie flüchtet in ein Frauenhaus,
lernt Deutsch, erkämpft das Sorgerecht und beginnt endlich ihr eigenes Leben. Esmas Geschichte gibt zugleich einen erschütternden Einblick in die Parallelgesellschaften
in Deutschland.

Krüger Verlag

Dang Thuy Tram
Letzte Nacht
träumte ich vom Frieden
Ein Tagebuch aus dem Vietnamkrieg
322 Seiten. Gebunden

»Letzte Nacht träumte ich vom Frieden« ist das Tagebuch
der jungen vietnamesischen Ärztin Dang Thuy Tram, die
im Juni 1970 im Alter von 27 Jahren bei einem Angriff
auf ihre zivile kleine Klinik in den Bergen Vietnams von
den Amerikanern getötet wurde. Es ist ein authentisches,
höchst beeindruckendes Zeugnis einer mutigen jungen
Frau im Kampf gegen eine militärische Übermacht und
ein leidenschaftliches Plädoyer gegen Unterdrückung und
Gewalt.

»Eine leise Stimme, die sich gegen patriotische Geschichts-
schreibung erhebt. Dang Thuy Tram erzählt vom Leid und
dem Schmerz der Menschen. Ein Buch, das in Vietnam die
Wirkung hatte wie einst in Deutschland Remarques ›Im
Westen nichts Neues‹.« Dirk Sager

Krüger Verlag

Steve Santagati
Man(n)ual
So funktioniert der Mann
402 Seiten. Broschur

Dieses Buch kann Ihr Leben verändern! In 71 Kapiteln und einem Quiz verrät Santagati alles über die Taktiken der Männer und wie Frauen sie zum eigenen Vorteil wenden können. Mit Insider-Informationen und Tipps für die tägliche Praxis: Warum müssen Frauen die Idee vom netten Kerl aufgeben? Wo finde ich die bösen Jungs? Was muss ich anziehen, um sie anzuziehen? Wie halte ich sie bei der Stange?

Krüger Verlag